"十三五"国家重点图书项目

国家出版基金项目
NATIONAL PUBLICATION FOUNDATION

一带一路

郑家馨◎著

中国非洲文化交流史

何芳川◎主编

中外文化交流史

国际文化出版公司

·北京·

图书在版编目（CIP）数据

中外文化交流史 . 中国非洲文化交流史 / 何芳川主编 ; 郑家馨著 . -- 北京 : 国际文化出版公司 , 2020.12

ISBN 978-7-5125-1272-6

Ⅰ . ①中… Ⅱ . ①何… ②郑… Ⅲ . ①中外关系 — 文化交流 — 文化史 — 非洲 Ⅳ . ① K203 ② K403

中国版本图书馆 CIP 数据核字 (2020) 第 264008 号

中外文化交流史·中国非洲文化交流史

主　　编	何芳川
作　　者	郑家馨
统筹监制	吴昌荣
责任编辑	戴　婕
出版发行	国际文化出版公司
经　　销	全国新华书店
印　　刷	文畅阁印刷有限公司
开　　本	710 毫米 × 1000 毫米　　　16 开
	9 印张　　　　　　　　　105 千字
版　　次	2020 年 12 月第 1 版
	2020 年 12 月第 1 次印刷
书　　号	ISBN 978-7-5125-1272-6
定　　价	55.00 元

国际文化出版公司

北京朝阳区东土城路乙 9 号　　　　邮编：100013
总编室：（010）64271551　　　传真：（010）64271578
销售热线：（010）64271187
传真：（010）64271187—800
E-mail：icpc@95777.sina.net

目录
Contents

第一章 茫茫大海曲[一]·甘英欲渡无船

[一] 古代，大海曲为波斯湾、阿拉伯海和红海的总称。

当人类只能以步行、骑畜或驾驭帆船来完成跨越几万里的高山峻岭、干旱沙漠和风暴海洋的旅程，以进入异地接触陌生的文明，其艰难险阻是超过一切想象的。古代中国为了取得与非洲的直接联系，经过两汉时期多少官方使节、民间商人、军人士兵和旅行家跋涉长途的努力，每次都停步于一个新的路段，功亏一篑。汉朝人要去的是一个叫"犁靬"或"大秦"的埃及亚历山大城，据流传的消息它是西域最大的一个城邦或国家。公元97年东汉和帝在位时期，班超的部下甘英一行克服了千难万险远离中国边境万里，已经走到波斯湾岸边，望见汹涌海水却仍然走不到200多年以来汉代中国人一直向往不已的埃及亚历山大城。

此后，中国人与埃及直接联系的努力暂时告止。从公元前115年张骞第二次出使西域回归后，西域始通于汉，到公元97（或98）年甘英从条支返回汉廷，整整212年直接联系犁靬或大秦（埃及）的努力归于失败。此后数百年，中国使节和商人仍然在朦朦胧胧中向往、想象、认识遥远天边有一座叫犁靬或大秦的名城（亚历山大城）。

当时只有中国才能生产的丝绸名声在外，很受地中海沿岸国的欢迎。但这些宝贵商品，长期以来只靠游牧民族驮在马背上通过北部草原商路，辗转贩运，量少价高，成为极昂贵的商品。由于经过数不清的转手中介，葱岭以西的中亚、西亚，尤其是地中海诸国对生产丝绸的中国形成神秘的印象，长期分不清楚到底什么地方是真正的产地或转运之地。对"中国"称呼的游移不定（支那、秦尼、秦斯坦、赛里斯 Seres、摩诃震旦等）便反映出这种扑朔迷离、捉摸不定的状况。[①]

中亚东部葱岭以东（今新疆地区）天山山脉的南北横亘着两大沙漠——准噶尔沙漠和塔里木沙漠，交通极其不便。公元前4世纪马其顿的亚历山大率领远征军进军西亚、北非和中亚。公元前326年这支以讲希腊语的士兵为主的军队前锋最远点到达印度河上游支流希发西斯河的阿尔诺斯山，从这里若向北或向东继续前进须翻越险峻的葱岭。公元前325年，备受长年远征之苦的希腊士兵拒绝前进，亚历山大

亚历山大的雕塑像，藏于伊斯坦布尔考古博物馆

---

① 参阅张星烺：《支那名号考》，载张星烺《中西交通史料汇编》第1册，中华书局，1977年版第450～460页。

被迫收兵。公元前 324 年循马克兰海岸和波斯湾北岸西撤至两河流域。公元前 323 年亚历山大死于巴比伦。此后 200 年中没有一支大军能克服极端险阻的地势成功翻越有"世界屋脊"之称的葱岭。

公元前 176 年，匈奴联合乌孙又一次击败被他们从河西走廊驱赶到伊犁河流域的大月氏人，继续逼其退到妫水（今阿姆河）右岸草原。大月氏被迫西迁，走的是天山北路，从此天山以北被跟踪追击的匈奴势力所控制。汉初四帝屡受匈奴洗劫、侵掠农耕土地之苦，"和亲"政策助长了其嚣张气焰。汉武帝听说大月氏被匈奴赶到河间地带（妫水与药杀水之间地带），似有报复匈奴收复失地之意，于公元前 139 年派张骞出使西域，以联合大月氏夹攻匈奴。汉朝建立后与西域无交通。汉廷对通往西域之路茫然无知，张骞一行竟走到匈奴控制的地域而被匈奴扣押。十年后逃脱，继续西行，到达大宛，方知大月氏自伊犁河流域再迁至中亚河间地带。张骞经康居到达大月氏居住地。大月氏"地肥饶""志安乐"不思返回故里。张骞联合大月氏攻匈奴的出使目的未达到，但此行打开了眼界，知道在汉境以外存在许多国家，有大宛、康居、大夏、奄蔡、安息、条支、犁靬……[①] 张骞居岁余而返。一行经过羌中又被匈奴俘获，扣留一年多，于公元前 126 年回到长安。张骞历时十多年的西行被称为"西域凿空"，获得大量汉廷前所未闻的西域资料，《史记·大宛列传》就是根据张骞提供的资料写成的。公元前 119 年张骞第二次奉命出使西域，与西域各国联系。此次张骞派遣手下多人作为副使到达大宛、康居、大夏、安息、身毒（印

---

① 《史记》一二三卷。

度）等国。犁靬被列入沟通之国。这可能是中国人首次听到存
在"埃及"这个实体。^①公元前 116 年汉使和西域诸国报聘使者
一起回国。

西域的举措和张骞的西域报告，促成了汉武帝"勤远略"的
政策。首先从不同方向广求通西域的多条道路，汉廷为此花费了
巨大的财力、人力。

其次，广为结交西域各国追踪犁靬。"丝绸之路"畅通于西
汉中期。当时从葱岭逶迤西下就进入了已有 200 年历史的中亚、
西亚希腊化地区。有些希腊人后裔的统治者已被大月氏人和乌孙
人赶走（如大夏）。亚历山大在东征的 11 年生涯中建立了 17 个
以他的名字命名的"亚历山大城"。经过 200 年时光的淘洗，绝
大部分"亚历山大城"名存实亡，至少从名字上已经消失，但汉
使所到之处与 Alexandria 译音相近的黎轩、犁靬、骊轩等国名仍
不绝于汉使之耳，"使者相望于道，一辈（批）大者数百、少者
百余人……汉率一岁中使者多者十余、少者五六辈，远者八九岁、
近者数岁而反"。^②张骞第一次出使（前 139—前 126）听说西方
有犁靬此国；张骞以后，汉使越往西走，听到"犁靬"之名越多，
言者都说是"海西大国"。张骞手下几名副使到达大夏、安息所
走路程大约是：从大宛首都贵山（约为今柯東德），往西到大夏
都城监氏城（Bactra，即今阿富汗的巴尔赫），继续往西到安息东

① 犁靬为埃及亚历山大城说，理由较为充分，多数学者持是说。公元以后
二三百年，中国称该地为大秦。
② 《汉书·李广利传》。

唐代初期（618 年至 714 年）绘制，汉武帝派遣张骞出使西域（莫高窟壁画）

部重镇木鹿（Merv，今之马里）和都城番兜（Hecatompylos，即
和椟），由此西南行经过阿蛮（Ecbatana），抵达底格里斯河左岸
的斯宾（Ktesiphon），此城在安息帝国晚期地位重要，升为都城。
由此渡河到右岸数里即安息商业重镇斯罗（Seleucea）。从斯宾顺
底格里斯河而下，就到达波斯湾头的条支（Cnarax-Spasinu），可
能就是后来甘英到达的地方。商人随汉使团之后进入中亚和西亚，
大批丝帛锦绣等商品汇入商道不断西运。此前向西移动的游牧民
族等非专业商人渐被专业商人所取代。汉朝出使西域使节，从张
骞副使直到班超副使甘英，从大宛前进到条支花了 100 多年开拓
时间（前 114—97）。[①] 但东汉除使节外商人还不可能进到波斯

---

① 其中要扣除西汉末年至东汉初战乱时期顾不上西域开拓的 65 年时间。西
汉使节可能只走到乌弋山离，未到达条支。

湾头，因安息国家极力垄断丝绸西运，不允许中国商人直接将丝绸运到地中海诸国，正如《后汉书》所指出的："安息欲以汉缯彩与之交市，故遮阂不得自达。"①

安息极力"遮阂"，不让汉使、汉商"自达"的国家就是犁靬（黎轩另一译名）。中外许多学者认为此国名相当于希腊化时期埃及托勒密王朝都城亚历山大城。黎轩是 Alexindria 之译音。②公元 30 年罗马吞并埃及为一省。《魏略》明言："大秦国一号犁靬。"③公元以后二三百年，中国习称埃及亚历山大城及东罗马部分地区为大秦。中国使节仰慕犁靬之名，经过几代人努力，终有甘英永和九年（97）奉命出使大秦。甘英一行走到波斯湾头，如前所述，误信安息西界船人言"海水广大"，航路难行，故停止西进。

---

① 《后汉书·西域传》卷一一八。
② 法国伯希和、日本白鸟库吉、中国孙毓棠等均持是说，笔者亦赞同此说。
③ 《三国志》卷三〇。

第二章

两大古文明在希腊化世界

面前尴尬的「接触」

　　关于公元 1 世纪末甘英究竟到达西亚何处？部分学者仍有疑义。《后汉书·西域传》说"甘英使大秦，抵条支，临大海欲度"，有的学者认为甘英已到达叙利亚地区的地中海东岸，大海应指地中海。但更多学者认为甘英到达的是条支的波斯湾头。本文作者赞同后一种说法。理由是：第一，从阿蛮（哈马丹）继续往西南走，要横越十分艰险的叙利亚沙漠（荒漠），甘英一行当时尚不具备横越的地理知识和物质条件；第二，自公元 53 年安息（帕提亚）大将苏累纳在叙利亚全歼罗马将领克拉苏军队后已控制了叙利亚至埃及的通道。1 世纪末的西亚地中海沿岸地带和西奈半岛仍战乱不断（公元 62—63 年安息与罗马战争，公元 66—73 年犹太战争），陆路交通难以通行，而波斯湾海路却相对较易航行：从斯罗沿底格里斯河顺流南下进入波斯湾航行，出波斯湾口即阿拉伯海，沿着阿拉伯半岛南岸航行，在亚丁附近从曼德海峡转进红海，红海尽头的西岸就是埃及国土，这条航道即中国史书中提到的"海曲"，阿拉伯人在公元前几个世纪就已经常往来；第三，甘英从中亚出发，到了西亚"临大海欲度"，他的目的地是寻找西南方向的大秦（埃及亚历山大）。到了波斯湾头附近，那里本有一条从苏萨到爱琴海边萨狄斯（以弗所）的波斯大流士时代修建的1600公里"御道"（王家驿道）。此御道往西北方向延伸，沿底格里斯河上游纵贯小亚西亚直到爱琴海沿岸。通向地中海的王家驿道与甘英的目的地背道而驰，自然不在选择之列。这从另一方面证明，汉代中国人心目中的大秦就是犁轩，就是埃及的亚历山大城，而不是首都设在意大利半岛的整个罗马帝国。自从97年甘英在条支波斯湾头受阻而返以后，东汉政府没有再做继续西行与埃及（大秦）直接联系的努力，而且不久以后因战乱，东汉的势力又从西亚、中亚退到葱岭以东，把这一段主要运送丝绸的商道留给安息商人任意垄断。由于西北诸羌叛变，丝绸之路又闭而不通，汉桓帝（146—167）以后的东汉政府已无力控制西域，汉对西域的统治再次中断。

从以上关于两汉时期中国花费300年时间努力打通西域，通使西域各国包括犁轩（大秦）的简单叙述，可以看出早期中国文明与非洲文明直接接触之艰难。由此可以得出一些认识：直到公元2世纪末，中华文明与埃及文明由于关山万里的阻隔，既难直接接触，更无缘相识，可以说基本上彼此无甚影响。这种状况比黑格尔提到地缘文明时冷峻指出的"山隔离开人们"的状况似还要严重得多。这却是人类两个伟大文明诞生后3000年相互关系曾有过的实际状况。

然而，由于一种历史的偏见，曾出现过对这种真实状况的歪曲。17世纪以后，有些欧洲中心论者以提高东地中海文明地位为手段（埃及文明被认为是"东地中海文明"），非历史地拔高欧洲文明的身价，制造一种违反事实的逻辑，把埃及文明说成是世界一切文明的唯一来源。个别学者由此推论，中国的象形文字是古埃及人传授的，中国汉字亦源于埃及，由此可下结论：中国文明和希腊文明一样是受埃及文明启发的。近百年来古文字的研究和考古发掘的丰富材料已有力地证明，古埃及文字和中国汉字是两种独立发展、互不影响的文字系统，其最早起源均渊源于七八千年前的陶器符号。中国最早的铜和青铜的铸造知识也曾被缀连到埃及文明上。技术史的缜密研究已表明，中国商代冶铜技术既不同于中亚、西亚和欧洲，也不同于埃及。商代铸造青铜器使用的是极具特色的"复合法"，而不是埃及、印度和欧洲文明所使用的"失蜡法"。①

1923 年埃及十八王朝法老图坦哈蒙（前 1361—前 1352 在位）陵墓的

古埃及早期的陶罐

图坦哈蒙的木乃伊面具，为埃及博物馆的古埃及标志

① 夏鼐：《中国文明的起源》，载《夏鼐文集》上册，社会科学文献出版社，2000 年版第 407 页。

发掘，完整地再现了公元前 14 世纪埃及法老文明的高超水平和丰富面貌。几乎同时，1928 年开始正式发掘中国殷墟。殷墟发掘出的文物揭示，公元前 14 世纪正是中国商代青铜器文明进入鼎盛的时期，中国独有的青铜器制造技术（复合法）闪烁着夺目光彩。这两个人类古文明发源地遥隔万里，互相辉映。然而，考古学家和历史学家没能从 3000 多年前商代中国主要活动地带——河南见到埃及文明影响的痕迹。在图坦哈蒙法老统治时期，埃及已出现过透明的玻璃，它是制造极具使用价值的各种器皿和华丽饰品的基本原料。然而，由于文明传播的迟滞作用，被称为"雪花石膏"的埃及多色玻璃制造的瓶状器皿，直到公元前 700 年才姗姗来迟，出现于地中海东部地区，由（叙利亚）腓尼基人予以仿制，发展成为一种工业。法老时代埃及珠子数量很多，颇具普及性，因其形状、制作材料、技术、装饰用途历代不同均有变化，因而对考古断定年代特别有用。一般地说，埃及珠子容易通过古代远程商贸的途径传播到远方，西亚两河流域、波斯、东地中海地区，埃及珠子均有多处发现，而在中国迄今没有发现真正属于古代埃及的珠子。[①] 同样商代制作考究的青铜器技术及其浅浮雕花花纹，如饕餮纹、云雷纹、凤鸟纹以及中国特有的已有较高水平的绮织和刺绣丝织技术 [②] 也未在任何法老时代的陵墓中有所发现。

古代这两大文明的辐射地区都不算很远。埃及文明向南辐射大致仅及于库施、麦罗埃一带，向北及于叙利亚人和腓尼基人居

---

① 参阅《夏鼐文集》下册，第 166 ～ 179 页。
② 同上，第 407 页。

住区。距离埃及较近的西亚发现的圆柱和柱廊结构、狮身人面像的雕塑和装饰图案都显现出典型的埃及艺术风格。极具埃及文明特色的建筑风格影响范围，最远仅到达叙利亚东部地区。商代文明辐射地区虽有相当的范围：四川广汉三星堆发掘，证明商代文化对长江流域的强烈影响，但商的周边许多民族却因多种原因并不是都有机会接受商文化的熏陶。居住于渭水中游黄土高原的周人直至商代末年才有较多机会去接受商文化。直至公元前 1000 多年中华文明的西线触须才触及陕甘地带。总之，公元前一千纪前的中华文明和埃及文明可能都属于一种辐射半径不长的"烛照文明"，因而彼此都照射不到对方。那么，文明辐射半径的长度取决于什么？它与传播方式是什么关系？

海夫拉金字塔和狮身人面像（约公元前 2500 年）

海夫拉金字塔及狮身人面像

文明的辐射（radiation）半径可能取决于文明本身的动力和传播方式。文明的动力，归根结底决定于文明主体社会的生产力及其国民生产总值（GDP）。在古代社会生产力普遍低下的条件下，文明的动力往往需要借助于远距离商业贸易和军事远征作为其扩张的助推力，其后又增加了传教的力量。其间的关系可能是研究古代文明传播规律需要揭示的奥秘。文明的辐射力量一般随着地理距离（空间）的加大而衰减。随着古代社会对两轮车以及马、驴、骆驼和帆船的使用，地理距离显然一般不再成为人类交往的绝对障碍，但仍是文明交往推迟的重要原因和心理障碍。

军事远征对于文明则是一把双刃剑。征服的后果有可能推动相距遥远的不同文明的直接接触；但在更多情况下也可能造成道路交通的破坏和交往手段的中断。例如，18 王朝以后的新王朝军事远征促进了埃及文明同西亚地区文明的双向交流。埃及文明的传播途径大致是南北走向，约在东经 30°～ 70°范围内发挥其直接影响，而较少做东西方向的游动。在叙利亚越往东地区越少看到与埃及文明直接接触的痕迹。当然这里还有两河文明的反推作用。

在叙利亚以东地区，随着向东伸展，埃及文明越来越被羼化了。崛起于西亚极西地区的叙利亚文明，以其伟大的文化成就（拼音文字的发明、航海能力——发现大西洋、一神教等）甚至屏蔽了北上的埃及文明的光辉。使用拼音文字（阿拉米语）的叙利亚文明恰好横亘在同样使用源于象形文字的埃及文明和中华文明之间，这样的巧合似乎也阻断了两大文明的直接接触。此外，叙利亚地区成为各种文化的"交通环岛区"，[1] 起了与辐辏之地相反的作用。

---

① 借用汤因比术语。见汤因比：《历史研究》（修订插图本），上海人民出版社，2000 年版第 345 页。

四面八方会聚而来的马帮、驼队、车队都可以在"环岛"圆圈上的任何一点转到其他方向，融入另外的队伍行列而走向他方。可能由于肥沃的新月地带财富的吸引，哪一种势力都要登上这个地区的舞台，从公元前 8 世纪起，叙利亚地区先后被亚述帝国、新巴比伦王国、阿黑美尼德帝国（波斯）等所兼并或瓜分。多种文明的碰撞，使触角已伸展到西亚的埃及文明一再被羼化了。例如，叙利亚建筑物的圆柱和柱廊以及柱基上的棕榈和莲花图案明显是受埃及影响，而圆柱上的凹槽和柱头下方的涡旋纹却不是埃及而是希腊的风格了。①

亚述出土的泥板和印章

---

① E. 勒纳、S. 米查姆、I. 伯恩斯：《西方文明史》，中国青年出版社，2003年版第 143～144 页。

直到公元前 4 世纪仍未有谋面机会的埃及文明和中华文明，又被公元前 335 年开始的西亚和中亚的希腊化浪潮更远地推开了。公元前 334—前 323 年马其顿人亚历山大远征，带领 8 万精兵，在西亚、中亚和印度河流域纵横 3.2 万多公里，盘桓长达 11 年之久，所到之处留下希腊人作为当地统治者和移民。军队留下的部分士兵居住的"老兵营"成了希腊文明的据点。带有一定浓度的埃及文明色彩的希腊文明渗入到西亚、中亚和印度河流域的广大地域，却停止于费尔干纳西部外缘。因此，在公元开初年代，两大古文明的"接触"是异乎寻常的。当中国人翻越葱岭时，在葱岭以西几乎到处弥漫着"希腊化"的氛围。中华文明不曾直接从"希腊化"中吸取什么因素，而是从已扩展的印度河流域的佛教文明中吸取宗教营养，而佛教文明则从希腊化的建筑、雕塑、绘画吸取和融合了许多东西（泰克西拉遗址就是证明），而其中不少文明因子是希腊文明从"克里特时期"以来就不断从埃及文明中"攫取"的。埃及文明正谦和地站在"希腊化"的背后，中国却是从印度河流域佛教文明中转弯抹角地接触到埃及文明的因子。这是历史的玩笑。所以说当中华文明越过葱岭接触到的所谓早期的"埃及文明"其实是附在"希腊化"的文明载体上，是一种屡经羼化并带有希腊化文明色彩的一种"埃及文化"。公元前 2 世纪中国人间接接触到这种文化，它并没有贴上"犁靬"标签；公元 2 世纪也是不情愿地套上了"大秦"标识。总之，两大文明就是这样在"希腊化"面前尴尬地开始"接触"了。

公元 97 年班超副使甘英"临西海以望大秦"令多少读史者为

之叹息。亚历山大城（犁靬—大秦）为什么会像一块巨大磁石吸引汉代中国使节和商人的关注，俨然成为古埃及文明的代表？这里不能不充分估计丝绸文化的巨大作用。亚历山大远征表面上看是一种穷兵黩武的行为，却给埃及文明的命运造成意料不及的影响。公元前332年亚历山大率军进入埃及，在地中海滨尼罗河三角洲西缘原古城拉库提斯基础上建立一座新城，命名为 Alexandria（亚历山大城）。由此，亚历山大城和埃及的主权、治权渐渐落入希腊人手中。亚历山大死后（前323）将其遗体运回埃及的部将托勒密，在建立新王朝初期苦心孤诣经营新城。不到100年，亚历山大城的规模、繁荣程度都远远超过了北非名城迦太基。希腊人充分吸收埃及文明的精华，使希腊文明同所师承的文明融合一起，两个伟大的地中海文明相互得到完美的滋养，焕发出新的生

迦太基城遗址

历史学家希罗多德

命力。亚历山大城在两大文明的交融中受益最大，整整 7 个世纪不仅位居屈指可数的世界名城之列，而且成为名副其实的东地中海文明的中心。亚历山大城由建筑师迪诺克拉蒂设计，拥有王宫、宫廷花园、王家动物园和宏伟的公共建筑。最可贵的是建有可能是当时世界上最大的图书馆和博物馆，存有纸草图书 53.2 万卷。[①] 两馆的建立闻名遐迩，是对人类文明史的卓越贡献。希罗多德、修昔底德、阿里斯多芬等学者的作品能够保存给后世，这座图书馆功不可没。托勒密一世、二世、三世子孙三代搜集、购买了几万卷典籍手抄本和原本。在埃及博物馆工作，或定居于亚历山大城，或出生并终老于埃及的世界级学者，史有记载的有：地理学家及天文学家托勒密（Ptolemy）、斯特拉波（Strabo），数学家欧几里得（Euclid）、阿波罗尼乌斯（Apollonius），植物学家西奥夫拉斯特斯（Theophrastus），历史学家希罗多德（Herodotus）、曼涅托（Manetho），医学家希罗菲拉斯（Herophilus）、埃拉斯

---

① 约等于今日的 10 万册，由卡利马胡斯编目 120 卷。

特拉图斯（Erasistratus）等。人杰地灵，公元前后 8 个世纪的埃及是人才辈出、群星灿烂的宝地。许多杰出学者的血统虽是希腊的，但他们许多人都认为"伟大的埃及是他的祖国"。亚历山大城除哲学以外的每一方面都成为当时希腊化世界的智慧之都，不愧为地中海的文艺和科学中心。

除了文明的动力逐步加强以外，繁荣的商业贸易和便利的陆海交通也是埃及—希腊文明传播的强大助推力。埃及的专卖制度大概始于此时。金矿、铜矿、油、盐、纸草等均由政府专营。工业发达，马车、家具、赤陶、地毯、化妆品、玻璃器具、亚麻布等产量巨大，低廉的价格足以战胜希腊本土的手工艺产品。公元前 285 年开始恢复法老时期开凿的尼罗河到苏伊士附近的红海运河的疏浚工程。托勒密王朝建立大商船队，最大船舶载重量达 300 吨。从托勒密一世到二世，船舶由 200 艘增至 400 艘。[①] 亚历山大城成为运往地中海市场的东方商品重行装船的主要转运港。据估计，托勒密王朝岁入折合现币达到 1600 万美元。为打破阿拉伯人对印度洋贸易的控制，埃及船只直接从尼罗河通过运河驶进红海，出红海口后沿阿拉伯半岛南岸和马拉巴海岸航行到达印度。希腊化时期埃及船舶也就到印度西北海岸为止，未能在海路上与中国建立接触。

在陆路上与中国的间接接触也颇为有限。希腊化时期，埃及以"犁轩"之名越过中亚地区，声名远播中国，而埃及对中国的认识一片模糊。反映在包括托勒密在内，一些一辈子大部分时间

---

① UNESCO, *General History of Africa*, 1981, Vol.2, p.185.

住在埃及的作家、学者著作中对东方"丝国"（Seres 赛里斯国）
的描绘朦朦胧胧，很不清楚。且不说公元前 4 世纪的希腊作家克
泰夏斯把赛里斯人荒唐地说成是身高约 6 米、寿逾 200 岁的巨人，[①]
单说公元以后的埃及、希腊对中国及中国事物的认识，例如著名
诗人维吉尔（公元前 70—前 19）对中国丝的认识，认为"赛里斯
人从他们那里的树叶上采集下了非常纤细的羊毛"。[②] 中国和埃及
双方长时期在直接接触上没有实质性的进展。亚历山大东征后在
中亚留下的希腊人统治的国家有大夏（巴克特利亚）和奢竭罗（舍
竭）等。后者的国王弥兰陀皈依佛教。希腊移民信仰佛教，一定

现藏于突尼斯巴尔杜国家博物馆的一幅公元 3 世纪时
的镶嵌画，画中维吉尔坐在中间

---

① 戈岱司编：《希腊拉丁作家远东古文献辑录》，耿昇译，中华书局，2001
年版第 1、2 页。
② 同上，第 1、2 页。

程度上促进了希腊文明（带有许多埃及文明因子）与佛教文明的融合。后来大月氏由东西进，征服大夏后，希腊化城市国家更多地被吞并，带来了相同后果：大月氏佛教同样是从印度西北部希腊和大夏移民那里传承下来。因此，旁遮普的佛教含有不少希腊、埃及文明因子，中国接触的最早佛教文明也就包含有多种文明因子，包括埃及文明因子。只是中国人当时对此并不知晓，例如与佛教一起传进的石构建筑中的圆柱和柱廊等就是埃及建筑风格的部分体现。

埃及经历了整整 300 年的"希腊化"的文明融合过程，到公元前 30 年（西汉成帝建始三年）被屋大维（奥古斯都）的罗马军队占领，从此作为罗马帝国的行省，王权和治权转入罗马人手中。埃及作为行省，在经济和政治上对罗马帝国的重要性远远超过其对希腊化世界的重要性。幅员广大的帝国的许多物产特别是粮食需要靠埃及和东方行省供应，形成很大部分产品和货物依靠远程转运的网。财富集中到罗马城，近 100 万人口和驻扎边境的军队吞

奥古斯都的画像

食和消耗大量从东方（美索不达尼亚、小亚细亚、亚美尼亚）和
非洲运来的谷物、肉类、油类和纺织品。亚历山大港口城市作为
东地中海与红海、印度洋的连接点在罗马帝国的交通网中占有特
殊地位。埃及不仅向罗马城供应谷物、亚麻布、纸草、玻璃、大麻，
而且提供来自中国的原料制造的高级丝织品。中国的丝绸和高级丝
织品，这些对东地中海社会的影响、对服饰文化的影响要比原来的
估计高出一筹。

第三章 中国丝绸与东地中海服饰文化

　　如果说亚历山大城经济和文化地位的日益重要，是由于：①濒临地中海，与西亚仅有一狭窄地峡（苏伊士）之隔；②受尼罗河三角洲哺育，物产丰富，长期成为希腊化世界的中心；③得益于埃及文明与希腊文明在尼罗河土地上的融合——那么它从希腊化世界中心迅速演变为罗马帝国两大政治中心之一（另一中心是意大利半岛），则是由于罗马共和末年各派政治力量将它作为角斗场。恺撒与托勒密王朝末代女王克娄巴特拉七世的政治风情纠葛才刚结束，安东尼与屋大维（奥古斯都）的政治决斗又在埃及上演更激烈的一幕，其胜败将决定是亚历山大城或是罗马城作为罗马帝国的首都。尽管在君士坦丁大帝决定迁都拜占庭之前，罗马城仍然是帝国法理上的首都，但罗马几位皇帝都曾因据有埃及而登上帝位。帝位觊觎者深信尼罗河三角洲是最有利于篡夺最高权力的活动基地，谁都想抓住埃及不放。政敌甚至抓住这一把柄，攻击他们企图以亚历山大城取代罗马城。①

---

① 前 34 年屋大维拿到安东尼放在神庙中的遗嘱，向罗马人宣布，安东尼要把首都从罗马城迁到亚历山大城。

克娄巴特拉七世头像，藏于柏林旧博物馆

　　从希腊到罗马时期，贵族、富商和有钱的犹太人纷纷移居亚历山大城，使其居民增至约 50 万人。罗马富商乐于投资埃及土地，奥古斯都也予以政策鼓励，出现不少富商兼地主，权倾一方，[①]与中国魏晋南北朝存在的豪门地主略有相似之处。只是埃及豪门从商业取得的财富和利润的比例要大得多，亚历山大商人赚的利润通常高达 20％ 或 30％。[②]亚历山大城既是生产城市，又是消费城市。

---

① 罗斯托夫采夫：《罗马帝国社会经济史》上册，商务印书馆，2005 年版第 411 ～ 417 页。
② E. 勒纳、S. 米查姆、I. 伯恩斯：《西方文明史》，中国青年出版社，2003 年版第 149 页。

从地中海世界、高卢和东方搜刮来的财富，除了在罗马城消费外，就是在亚历山大城消费。随着财富的积累，皇族、贵族、商人的生活弥漫着奢侈豪华之风。除享受公共浴场、圆形剧场、宴会、观看各种格斗表演外，富人们又在衣着上竞相追求一种新时尚——穿着丝绸衣服。亚历山大城是那个时代服饰和时装的中心，式样、衣料由它决定，时尚服装也由它生产。该城地处北纬 31°地中海南岸，气候炎热，原来的主要衣料麻不够凉爽，亦欠典雅。自从公元前 3 世纪从中国辗转万里运来丝绸，成为衣料极品。丝织品清爽、透亮，颜色鲜艳，质感极佳，迅即获得上层社会喜爱。东地中海"科斯岛（Cos）一位名叫潘菲拉的希腊妇女，首先发明了拆开坚实的丝料、加工成精细如蛛网般轻盈的衣服的方法，这种衣服以'科斯衣'（Coae Vestes）而闻名于世"。① 普林尼（23—79）揶揄"科斯衣"："女士们虽穿着衣服但仍为裸体。"恺撒身着丝绸进出剧院引起元老院关注，托勒密王朝末代女王克娄巴特拉 Cleopatra（公元前 69—前 30）尤其喜爱丝衣，从内衣、罩衣到披风全是丝织的，披风薄如面纱。两汉中国一般只输出丝绸制成品，不输出生丝。丝绸面料辗转运到叙利亚的西顿和埃及亚历山大城，由当地专业作坊按"科斯衣"方法，将丝绸拆开，抽取蚕丝，重新上机织成薄纱，这就是杜佑在《通典》中提到的大秦人"常利得中国缣素（指密纹的丝料）解以为胡绫绀纹"。② 公元前 34 年，克娄巴特拉与其夫罗马执政安东尼在亚历山大城举行庆典，同坐

---

① 裕尔：《东域纪程录丛》，云南人民出版社，2002 年版第 165 页。
② 杜佑：《通典》卷一九三。

在黄金宝座上驱车招摇过市，展示其令人目眩的衣饰。上有好者，下必甚焉。亚历山大城和罗马世界仕女竞相仿效。普林尼在《博物志》评论当时人们对丝质衣着时尚的喜爱时不失幽默地说："穿着这种透明的轻纱，罗马淑女可以展示她们全部的妩媚。"丝绸经过亚历山大城进入希腊化世界和罗马帝国，对其文化意义可能一直估计不足。为什么居住在亚历山大城的希腊人遇上远销到埃及的中国丝绸竟喜爱到如痴如醉的地步？原来这种他们初始都弄不清楚产自何方的衣料正是他们审美文化、服饰艺术中梦寐以求的东西。希腊人生活在地中海温润气候中，爱奥尼亚的明媚的天空和爱琴海的湛蓝海水，使他们喜爱人体美。希腊的绘画、雕塑、造型艺术和竞技体育把这种喜好发展到高尚艺术的境界。当汉代商人和西亚中介商通过丝绸之路将这种举世无双的衣料送到亚历山大城的希腊人面前时，他们极其喜爱，"科斯衣"方法使丝衣达到尽善尽美的地步。心灵手巧的亚历山大城的织匠照此办法把中国丝绸拆开抽出蚕丝重新编织、染色，制成了薄如蝉翼的轻纱。它完全符合希腊人的审美需求和生活中的实用。

　　希腊人独特的审美过程是："首先锻炼他们自己的身材为美丽的形态，然后把它表现在大理石和绘画中间。"[①]希腊女性更懂得，装饰的本性是要美化另外一种东西——人类的身体。她们需要用一种"外界的附加物"来讨人喜欢，这种外界的附加物就是中国人（当时还不知道）生产的丝绸。希波罗科斯在《随感录》谈到在一次婚宴上来了一批罗得岛的吹笛女，她们身上穿着"薄如蛛丝"的"科

————————

① 　黑格尔：《历史哲学》，三联书店，1956年版第287页。

斯女袍"，看上去似乎赤身露体。从希腊人的审美观来看，薄衣透体在任何情况下似乎都不会引起希腊人的反感。在他们看来，女性不加掩饰地显示她们全部的美，是天经地义的事。罗马人传承了这种审美观点。卢坎（Lucain，39—65）在一首描写埃及末代女王克娄巴特拉的诗中道出了埃及时尚服装同中国丝绸的关系："克娄巴特拉的白腻胸部，透过西顿的罗襦而闪闪发亮。这种罗襦是用赛里斯人（指中国人）的机杼织成，并用尼罗河畔的织针编出粗大透亮的网眼。"[①] 忒奥克里托斯（Theocritus）在一首诗中赞美，品行端庄的女人也敢穿这样的服装。人们认为，丝质的、若隐若现的面纱，使适龄的女性面庞有一种诱人的神秘。可见，丝绸相当普遍化了。在亚历山大城稍有经济能力的男人和女人都用它做衣服。地中海世界的服饰文化发生了潜移默化的变化，服饰文化的变化不知不觉地渗透到了希腊罗马的雕塑艺术，一些令人心仪的雕像千古留传下来。细心的游客会发现保存至今的巴台农神庙东侧山墙上两尊美丽的女雕像就是穿着这样令人心旷神怡的服装。

公元 4 世纪历史学家马赛里奴斯（Marcellinus）在《历史》一书谈到丝绸的普及时说："从前丝绸仅限于贵族衣用，现在所有人，甚至最为卑贱之人，也毫无分别地穿用了。"[②] 语带夸张，但丝绸确已成为老百姓的日用品了。由于地中海气候潮湿，古代丝绸不易保存下来。在埃及的卡乌（Qau）遗址曾发现过中国丝绸。中国

---

① 弋岱司编：《希腊拉丁作家远东古文献辑录》，耿昇译，中华书局，2001年版第 14 页。
② 裕尔：《东域纪程录丛》，云南人民出版社，2002 年版第 170 页。

巴台农神庙

丝绸在地中海世界一直畅销不衰。到文艺复兴时代，中国丝绸又在意大利半岛和欧洲重现其不朽的魅力。

埃及和地中海世界引进中国蚕丝和丝绸生产技术可能经历了一段漫长的过程。这中间流传了一些关于中国不愿蚕种外传的故事，有说将蚕卵置于竹杖中，[①] 有云放在帽絮中[②] 才"偷运"至中国境外。事实的真相可能是，养蚕缫丝技术在东亚早就传入日本、朝鲜；在西部早就传入新疆塔里木盆地，此后又从这里再传到西亚和欧洲。育蚕缫丝纺织是一整套技术，缺一不可，包括蚕种选优、桑树栽培、沸汤缫丝和提花机等系列技术。即使拿到蚕卵，育蚕成功，不懂沸汤缫丝技术，让蚕蛾破茧，也只能得到质次的短纤维。

① 裕尔：《东域纪程录丛》，云南人民出版社，2002 年版第 170 页。
② 《新唐书》卷二一八，上。

如果没有提花装置，就织不成精美的丝绸。汉代中国不仅已有了提花机，而且创新发明了脚踏织机。古埃及虽已有平放式织机却没有脚踏板装置。中国的脚踏织机可能同提花机一起西传过去。[①] 李约瑟认为西方的提花机是由中国传去的，采用时代晚了 4 个世纪。[②] 有学者认为丝绸或许是秦汉时期中国对世界物质文化最大的一项贡献。

[①] 夏鼐：《中国古代蚕、桑、丝、绸的历史》，载《夏鼐文集》中册，社会科学文献出版社，2000 年版第 354 页。

[②] J. Needham. *Science and Civilisation in China*，Vol. 1.pp.240 ～ 242.

第四章 中国与非洲直接联系的纽带——海上丝绸之路初通

亚历山大城的丝货供不应求，价格上扬。丝绸经过漫长的、事故频发又受安息中介商抬价的万里陆路辗转联运到亚历山大城，其价值有时竟与同等重量的黄金相等。奥勒良皇帝（270—275 在位）抱怨一磅丝绸在罗马竟能卖到 12 英两黄金。[1] 普林尼估计罗马帝国每年流出的财富合计达 1 亿赛斯特（Sesterces）。[2] 丝货到达亚历山大市场终端的过高价格已经严重影响丝绸贸易的正常进行。亚历山大城的商人和中国商人知道障碍在于安息的"遮阂"，都在寻求从海路运输来降低运价和打破安息中介商的垄断。公元前 53 和前 36 年罗马两次与安息交战，均遭失败。公元初，罗马与安息在西亚仍时有战争，造成陆路无法直通。公元 226 年波斯萨珊王朝取代安息（帕提亚），仍未能全程打通陆上丝绸之路。亚历山大城和罗马世界做出努力，企图"通使于汉"，从 Seres（丝国）

---

① 吉本：《罗马帝国衰亡史》下册，商务印书馆，1997 年版第 194 页。
② 裕尔：《东域纪程录丛》，云南人民出版社，2003 年版第 164 页。Sesterces 为罗马银币。1 亿罗马银币约合 100 万英镑。但罗马为丝绸所付出的金属硬币可能都落到中介商手中。中国境内考古迄未发现有批量罗马金属硬币。

奥勒良城墙的塔楼

直接获得丝绸。大秦商人想方设法另辟蹊径，从海路沟通丝国。

托勒密王朝时代，从亚历山大城通往红海、印度洋的海路航运已有一定基础，但受限于阿拉伯人等的把持，贸易量甚小，整个希腊化时期三四个世纪也未有较大增长。进入公元后，如普林尼所言，贪得的欲望把印度拉近了。[①]罗马帝国力图改变印度洋贸易局势，独占红海、印度洋贸易，以海路解决丝绸（以及香料）的货源问题。罗马舰队从东地中海沿岸的亚历山大城经过尼罗河及其运河，终于驶进红海，甚至短期占领红海出海口亚丁港。帝国境内的过境税和敲诈勒索的税卡均被废除或取消了，商道和航线上的土匪和海盗也被剿灭。地中海世界经过红海同印度洋之间的贸易量成倍增长。公元1世纪中叶由于"发现"了印度洋信风规律，[②]海船从红海口做跨洋横渡，乘信风直驶印度马拉巴海岸的穆季里斯（Muziris）港，航程日期缩短，大幅度降低了航运成本。斯特拉波（公元前64—23）曾提到每年有多达120艘海船从红海的米奥斯霍木兹驶往印度。[③]打破了托勒密王朝200多年来每年"穿越阿拉伯湾（红海）驶出（曼德）海峡窥探外洋的船只不到20艘"[④]的记录。埃及船舶沿马拉巴海岸南下绕过科摩林角到达斯里兰卡（锡兰）和印度东海岸只是时间问题了。

几乎与此同时，在欧亚大陆的另一端，汉代中国沿海地带船

---

① 赫德逊：《欧洲与中国》，中华书局，1995年版第43页。
② 实际上南阿拉伯半岛的阿拉伯海员早就掌握了信风（季风）的周期，只是秘而不传。季风一词 mawsim 也是来自阿拉伯语。
③ 同①，第43页。
④ *General History of Africa* Ⅱ，UNESCO，1981，p.558.

民也在勤勉探索季风的规律。在通向朝鲜和日本的航线开辟之后，随着汉朝军队进入中印半岛建立交趾郡（今河内一带）和日南郡（今顺化一带），东南沿海船民积极探索季风规律为开辟南海航线准备条件。《后汉书·郑弘传》记载"旧交趾七郡贡献转运，皆从东冶（福州）汛海而至，风波艰阻，沉溺相系"。[①] 说明两汉时代的福建船民驾驭海船乘风破浪向中南半岛运输大批物资，表现出中国人不畏艰险、勇于探索新航路的海洋进取精神。此后，中国海船越过琼州海峡、北部湾，沿中南半岛海岸一路顺风南下（越过了 18 个纬度），绕过金瓯角继续沿暹罗湾海岸航行。到了暹罗湾，中国海船探索出两条不同航线。第一条航线可能属早期，船到马来半岛克拉地峡的谌离国，弃舟上岸（东岸），步行 10 余日到夫甘都卢国（西岸），从西岸继续登舟，沿着安达曼海和孟加拉湾的海岸航行，到达印度东海岸的黄支国（即今日库契普腊姆）或再往南一些的已程不国（今斯里兰卡）。第 2 条航路可能属较晚期，是在对东北季风有了进一步掌握之后，船行克拉地峡（谌离国），不再弃舟上岸步行，而继续扬帆南下从马来半岛顶端穿过马六甲海峡，渡海沿孟加拉海岸到印度东海岸的黄支国。

汉武帝时期执行"谋远略"政策，从陆上和海上开辟几条路线试图与"西域"的犁靬等国沟通。从张骞凿空到甘英"临西海欲渡"，陆路上已取得空前成就。汉朝政府又南下开拓海疆，探索海上航线也卓有成效。中国海船终于驶入印度洋，到达东经 80°的斯里兰卡岛。印度东海岸的黄支国自汉武帝（公元前 141—前 87）以

---

① 《后汉书》卷六三。

来便与中国有来往。前引《汉书》记载,汉平帝之始元年(公元 1 年)"黄支王……遣使献生犀牛",说明从黄支国开往中国的海船已具有运载体重近万斤的庞然大物犀牛,航行万里海疆直抵中国港口的航行能力(犀牛不可能经克拉地峡陆运,该地峡仅宽 56 公里)。这些海船有的是印度船,有的是中国船,也可能有"扶南大舶"。从航行所耗费时日来看,大部分航程是沿着海岸线甚至逐岛跨渡,也有可能一部分航程是利用季风(如果时令正好赶上西南风起)。在还没有完全掌握太平洋和印度洋的季风规律,又未拥有指南针的情况下,中国船民仅凭借天象和鸟的飞向的引导,驶向辽阔的海洋是谨慎的,十分注意汲取他国航海经验和积累自己的经验。古代中国海船由海路通达大秦航道经过了几个世纪探索的努力。可以肯定,在两汉时期,中国海船基本上只到印度东海岸或斯里兰卡岛为止。在印度洋港口,中国海船卸下货物,包括最紧俏的丝绸以及香料(麝香)、金属器皿等。由印度人、南阿拉伯人最后大秦商人也可能加入,购下全部中国货物,接着由印度船、阿拉伯船继续往西运,经印度马拉巴海岸(西海岸)、阿拉伯海,进入红海(或波斯湾),运抵最后目的地亚历山大城。《魏略·西戎传》说"大秦道既从海北陆通,又循海而南,与交趾七郡外夷比"。[1] 正是准确地指此而言。

　　海上丝绸之路的打通,获益最大的是亚历山大城,由红海运来的中国丝绸一般不再在叙利亚的腓尼基工场(西顿、推罗等)加工,而直接进入亚历山大城的丝织工场加工染织,这更加促进

---

[1]　《三国志·魏志》卷三〇。

了埃及其他工业（玻璃、纸草、亚麻织品）的发展。亚历山大城的许多码头连接起来有14公里长。商船队来往各海洋连接成一个商业网，产品运销罗马帝国各省：西至伊比利亚的西班牙省和阿非利加省，北到意大利半岛和高卢诸省，东至东方各省。罗马史专家罗斯托采夫把公元2世纪以亚历山大城为中心之一的地中海—红海—印度洋—太平洋的商业网称为"一种世界性商业"是很有道理的。[①] 无疑埃及在其中起了重要作用。亚历山大城在公元初就已形成商业观光中心，备有旅馆、向导和译员，为前来经商和观光底比斯金字塔和帝王陵墓的旅客、商人服务。其主要大道宽20.5米，两旁鳞次栉比排列着前沿有支柱、拱廊的商店。中国4世纪史学家鱼豢著的《魏略·西戎传》关于大秦的描写有数百字之多，非亲历者恐难详述。云集于亚历山大城的东方商人可能包括中国商人。罗斯托夫采夫认为，东方商人在埃及的工业活动中占重要地位，甚至挤走了意大利商人，后者不得不撤到意大利半岛本土。东方商人以埃及商人（包含本土化的希腊人）为主，包括印度人、波斯人、南阿拉伯人、叙利亚人、斯基泰人，可能还有中国商人。亚历山大城的批发商、零售商、船主和运输商一般都成立了联合组织，名目繁多，有个体经营的，也有以规模巨大、资金雄厚的贸易公司为基础的。海上商业是最赚钱的行业，东方富商都居住在离海不远的主要商道上。从埃及港口出发，驶出红海的商船进入印度洋开始逐渐增多。有些商船沿着印度西岸南下

---

① 罗斯托夫采夫：《罗马帝国社会经济史》上册，商务印书馆，2005年版第223页。

斯里兰卡 5 世纪时的佛像

并绕过科摩林角，最终停泊在印度东海岸（黄支国）或斯里兰卡（已程不国），以直接收购丝绸和其他的中国和东南亚的货物。

在这样的商业航海背景下，人们容易理解为什么会接连出现大秦商人"充当使节"到中国进行活动的事件。据《后汉书》记载，"桓帝延熹九年（166）大秦王安敦遣使自日南徼外献象牙、犀角、玳瑁始乃一通焉"。[①] 所谓大秦王安敦应指罗马安敦尼朝皇帝 Marcus Aurelieus Antonius，即马可·奥勒留·安敦尼（161—180 在位）。但罗马史上却无记载。166 年这次大秦国来使与 46 年前即安帝永宁元年（120）掸国（缅甸）来使，比较起来有显著差别。掸国是蕞尔小国，带来的礼品是"大秦魔术师"，范晔《后汉书·南蛮传》记载掸国国王雍由调"献幻人（演魔术人，自称是海西大秦人），能变化吐火，自支解，易牛马头。又善跳丸，数乃至千"；[②] 相比之下，"其土多海西珍奇异物"[③] 的大秦，所送礼品仅有"象牙、犀角、玳瑁"多是南海地方就有的东西，"并无珍奇"，未免过于一般。当时人就"疑传者过焉"，[④] 但此事件的意义在于两国"一通"，从此中国和埃及大致沟通了。

60 年后，东吴孙权黄武五年（226），又有大秦贾人字秦论到交趾，交趾太守吴邈送诣权。权问方土谣俗，论具以事对。时诸葛恪讨丹阳，获黝、歙短人，论见之

---

① 《后汉书》卷一一八。
② 《后汉书》卷一一六。
③ 《后汉书》卷一一八。
④ 同上。

曰："大秦希见此人。"权以男女各
十人差吏会稽刘咸送论，咸于道故，
论乃径还本国。[1]

这是大秦商人到中国见于正史记载的。在
此之前约半个世纪，即公元 2 世纪中叶，据西
方史书记载，有个名亚历山大的商人曾乘季风
过孟加拉湾到达萨拜（Zabae，即今西贡附近）
和卡提卡拉（Cattigara，可能即今河内），[2]
中国史书未有相应记载。但《梁书》曾笼统
记载"其国（大秦）人行贾，往往至扶南（暹罗）、
日南、交趾，其南徼诸国人少有到大秦者"，[3]
似可照应。

公元最初三个世纪，海道初通，东方西
方尚未建立正式关系，商人受商业利益驱动，
总是充当历史不自觉的工具。中国商人也曾
如法炮制假充本国使节到大秦去活动。早在
公元前 34 年，中国人就出现在埃及的国宾大
厅。德国著名传记作家路德维希在《风流与
强权——一个真实的埃及艳后》一书中曾写

路德维希

① 《梁书》卷五四。
② 赫德逊：《欧洲与中国》，中华书局，1995 年版第 62 页。
③ 《梁书》卷五四。

到克娄巴特拉女王与恺撒的私生子恺撒里昂"在埃及国宾大厅里，当司仪长把外国使节和来宾介绍给众人时，他凭借外宾佩带的兵器和穿着服饰，就能辨别出他们所属的民族来：卑斯尼人、巴雷斯特人、吕地亚人、穴居红海地区的民族、波斯人、住在尼河上游的努比亚人、加拉太人，甚至中国人"。① 又据罗马史书记载，公元 274 年罗马皇帝奥勒良在罗马城举行"平叛"庆典，会上出现了从中国、印度、埃塞俄比亚、阿拉伯、波斯派来的使臣，全部"穿着耀眼的无比华贵的服装"。② 中国史书亦无此记载，显系商人冒充顶替。

几个世纪以来，黄金从尼罗河三角洲滚滚流入罗马。赋税的繁重、谷物的过度榨取、内讧不已的罗马皇帝的远征和大屠杀，使埃及背负着过重的负担。公元 263 年罗马内战，争夺亚历山大城的巷战使这座名城大部分成为废墟，动摇了亚历山大城的国际贸易中心地位。3 世纪罗马的经济危机导致对红海通道控制的削弱。但红海贸易的利润仍具吸引力。蓄势待发的埃塞俄比亚高原国家阿克苏姆迅速崛起，利用它在红海西岸港口阿杜利斯的中转优势，先是截断罗马的红海贸易，继而又与南阿拉伯人（也门）一起控制了红海两岸地区，使亚历山大城从海上获得丝绸的数量一度锐减。阿克苏姆的精明商人很快就理解了丝绸在红海贸易的重要性，通过来往于印度的商船，取代埃及商人，充当了中国丝绸贸易中介商的角色，也走上同中国开展贸易的轨道。阿杜利斯港本身拥

---

① 路德维希：《一个真实的埃及艳后》，东方出版社，2005 年版第 215 页。
② 吉本：《罗马帝国衰亡史》上册，商务印书馆，1997 年版第 194 页。

有一项王牌出口品——非洲象牙，极其有利于它扮演新的角色。非洲象牙天生丽质，其株端直，其色洁白，纹理细籥，大者重50～100斤，比起亚洲象牙（株小、色红、重不过20～30斤），它质量上乘、货源充足，获得东亚商人喜爱。阿杜利斯成为中国商人获取非洲象牙的最早货源供应地。非洲产的"双角犀"的犀角也是中国商人喜爱的俏货。《魏略·西戎传》记载"大秦多骇鸡犀"其实也是从阿杜利斯出口的，因双角犀牛主要生活于埃塞俄比亚地区，有的中国学者认为《后汉书》提到的"远国"兜勒是阿杜利斯的古译名。[1] 近年学者研究则持异议，认为"兜勒"应为 Thuhara 之对译，兜勒实为 Turhara（大夏）之异译，[2] 此处暂不申论。和帝永元十二年（100）兜勒"遣使内附"，和帝"赐其王金印紫绶"。[3] 不管怎样，公元2—3世纪非洲可能有了第二个国家开始与中国发生接触。阿克苏姆还起了另外一种更值得一提的作用，由于它控制了红海口的曼德海峡和亚丁湾，它又从海口分出一条向东向南的航线，沿索马里海岸航行于东非海域，这条航线为后世中国商人开展东非海岸的生意创造了条件。

即使在阿克苏姆控制红海贸易之时，历经劫难的亚历山大城仍是消费丝绸最多的城市之一。公元330年，君士坦丁一世迁都拜占庭后，因与波斯的战争迭起，陆路丝绸贸易频受影响，以致查士丁尼皇帝两次遣使央求阿克苏姆从印度口岸转运丝绸，多多

---

① 沈福伟：《中国与非洲——中非关系二千年》，中华书局，1990年版第70页。
② 余太山：《两汉魏南北朝正史西域传要注》，中华书局，2005年版第245页。
③ 《后汉书·和帝纪》卷四。

君士坦丁一世塑像

益善。亚历山大城的丝绸贸易仍久盛不衰的原因，还由于以丝绸为中心内容的服饰文化向深层扩展。地中海上层社会一些人物已发展到非丝绸不穿，而且同一件衣服不穿两次的地步。丝绸消耗量由此激增。同时，更广泛的社会阶层喜爱穿着丝绸。丝绸还被用于新建教堂的庄严帷幕上。甚至西欧蛮族（如西哥特）上层也熏染上喜穿丝绸的风气。408 年哥特人首领阿拉里克（Alaric）围攻罗马城时，要求提供的赎金竟包括丝绸外衣 4000 件。此后罗马人送给蛮族谈判代表的"礼物"也主要是"一些丝绸袍服和印度宝石"。大量的丝绸货品仍由亚历山大城的港口供应。在罗马帝国衰败之后，亚历山大城靠东方贸易回光返照，仍延续其在红海的贸易地位至 7 世纪。与同样辉煌过的雅典城早已沦为人口不多的小渔村相比，亚历山大城的历史命运应说是大大得益于东方贸易，但它自公元前 4 世纪以来作为东西方之间的一道金桥的地位毕竟逐渐衰落了，存在着被拜占庭的君士坦丁堡取代的趋势。

第五章 唐宋时期中非交流区域显著扩大

　　魏晋南北朝（220—589）是中国国土分裂时期，中国通过印度同非洲的贸易和文化联系并未中断，且仍有一定的增长。5世纪以后地中海世界获得了育蚕技术。养蚕缫丝是一套很复杂的技术，吸收和消化技术需要长期的过程。通过红海和陆路进入地中海世界的中国丝绸数量未减，贸易继续呈现繁荣景象。亚历山大城用中国生丝织成适合东罗马地区居民衣着习惯的各种丝织品，特别是薄如蝉翼的轻纱，甚至有小量返销中国市场，即《后汉书》称为"杂色绫"的织物。[①] 虽然中国的提花机也传过去了，但地中海地区很长时间织不出中国丝织物那样美丽、繁复多样的花纹图案。

　　从7世纪开始，中国和非洲都发生了巨大变化。中国的隋唐社会发展到了高度繁荣阶段，经济文化获得前所未有的发展，科学技术水平高于同时代的欧洲，成为当时世界上强大富足的国家。[②] 中国有进一步发展对外经济、文化交流的强烈需求，中国和非洲的文化交流进入新阶段。

---

① 《后汉书》卷一一八。
② 巴勒克拉夫主编：《泰晤士世界历史地图集》，三联书店，1982年版第127页。

马格里布人

非洲方面也发生了许多新变化。北部非洲由于7—10世纪阿拉伯人和伊斯兰教的崛起，埃及和马格里布地区先后并入大食（阿拉伯帝国）。埃及和北非相继处于倭马亚王朝（661—750）和阿拔斯王朝（750—868，中国史书称"黑衣大食"）统治之下。10世纪末埃及被法提玛王朝征服（969—1171，中国史书称"绿衣大食"）。642年阿拉伯军队占领亚历山大城，控制了港口码头。阿拉伯舰队进而取得了东地中海的制海权。法提玛王朝迁都开罗。开罗蓬勃兴起，不仅与亚历山大城并肩成为阿拉伯工商业两大中心，而且由于大批穆斯林学者移居开罗，开罗城又成为阿拉伯世界名副其实的文化中心。开罗对地中海世界的影响越来越大，竟超过了东罗马的拜占庭。红海东岸是阿拉伯帝国的发祥地，伊斯兰各国通行统一的阿拉伯语。借助语言文字的力量，帝国通过埃及对红海地区的控制力度已远远超过了往昔罗马帝国和波斯帝国对红海的控制。阿拉伯人取代犹太人、波斯人和印度人取得海上优势。然而，红海北端种种难以克服的天时、地理的困难（珊瑚礁盘、水流紊乱、干热等）仍然存在，增大了航行的成本。7 世纪以后，与阿拉伯半岛西岸平行的、一直被海道取代的陆路干道因与麦加朝圣道路重叠而日益繁荣。道路在半岛北端分成 3 条支路，分别通向埃及、叙利亚和美索不达利亚。波斯湾已完全在阿拉伯人控制之下。阿拉伯人占领埃及不久，就征调徭役，疏浚古运河。644 年淤积多年的运河重新通航，数十艘满载货物的埃及船舶麇集阿拉伯半岛南部港口卸货。红海因再次与地中海以及波斯湾沟通而重新焕发生机。这就是唐宋时期迎接中国海船西航的红海、波斯湾的交通状况。

贸易在任何时期都是文化交流的先导。唐宋及其后时期，中国海外贸易的发展水平取决于三个条件：①政府的对外开放政策和气魄；②物质（生产力）水平和国力雄强程度；③交通路况、航道安全状况和中国造船技术和航海水平。唐宋时期是得天独厚的三个条件全部具备的时期。唐朝开国皇帝李世民对境外诸国采取开放、宽松的政策，为中外文化交流，包括与阿拉伯、埃及的文化交流创造了前所未有的有利条件。

从 8 世纪初起中国造船工业有了重大发

李世民

展，成批建造结构牢固、能抗击险风恶浪的大船。海船全部使用木榫和铁制构件（当时外国船继续使用椰索来捆扎船体）；继续改进船尾舵使之成为中古世界最先进的船舵——悬吊轴舵（升降舵①）；使用这种独一无二尾舵的帆船再配上悬挂在桅杆上几面竹席编成的四角纵向帆，桅杆多达 10 个以上，横向交错地竖立在船体两边。这种结构独特的巨型帆船，横空出世于印度洋上。它的特制风帆既能在大洋顺风直驰也能戗风行驰。有宋一代远洋帆船继续改进，制造出一流船舶，"上平如衡，下侧如刀"，拥有水密隔舱、披水板和完善的压载技术，"在海中不畏风涛""不忧巨浪"。② 根据宋朝进士周去非（1135—1189）在《岭外代答》一书中对宋船的描述，宋船确实达到了当时世界远航海船的最高水平：

> 浮南海而南，舟如巨室，帆若垂天之云，拖长数丈，一舟数百人，中积一年粮，豢豕酿酒其中。……舟师以海上隐隐有山，辨诸蕃国皆在空端。若曰往某国，顺风几日望某山，舟当转行某方。或舟急风，虽未足日，已见某山，亦当改方。苟舟行太过，无方可返，飘至浅处而迂暗石，则当瓦解矣。盖其舟大载重，不忧巨浪而忧浅水也。③

11 世纪中国海船率先使用指南针导航，做到"舟师识地理，

---

① 用绳转动滑轮使舵可上下移动，当船入浅海滩时，可把舵吊起。
② 周去非：《岭外代答校注》，杨武泉校注，中华书局，1999 年版第 217 页。
③ 同上，第 216～217 页。

夜观星，昼则观日，阴晦观指南针"。[①] 又装置了最先进的船舵，改善了风帆，较之先进的唐船，更加完备了航行安全、成本低、效率高等几项重要条件。随着易碎的瓷器和沉重铁器大量出口，陆运的破损率加大、货运量远不及海运的矛盾越加突出，跟不上海外贸易不断扩大的需求。一支30匹骆驼组成的商队仅能驮运约9吨货物，而一艘中等海船能载600～700吨货物，相当于2000多匹骆驼。海运成本低，盈利大，优势显著。中国帆船已完全具备延伸航线，驶向西印度洋的条件。中国海船从汉以来基本上止步于印度东海岸或斯里兰卡岛，剩下的印度洋航程几百年来就如《汉书》所云，"蛮夷贾船，转送致之"，由印度船或阿拉伯船继续完成。7世纪初，大运河在中国凿通，刺激了造船业大发展，提高了建造巨舶的能力。约从隋代开始，性能越来越好的中国海船，实际上质量已超过了印度船和阿拉伯船，完全能抗击印度洋的风浪。越来越多的中国海船绕过了科摩林角（77°34′E，8°04′N），进泊印度西海岸（马拉巴海岸），继续航行于西印度洋和阿拉伯海，驶向波斯湾。这标志着中国航海史进入一个崭新阶段，中国海船已熟悉了"海上丝绸之路"的全程航道。从此，海路逐渐成为中国与西亚、南亚和非洲交往的主要通道，这与中国的经济中心自东晋以后逐渐南移也是相适应的。

贾耽在《皇华四达记》中比较准确地记述了当时畅通的海道：从广州出航（到宋代又增加泉州为出口），经越南、马来半岛、苏门答腊至斯里兰卡，继沿印度西海岸北上到今卡拉奇附近。由

---

① 朱彧：《萍洲可谈》卷二。

此分成两条航线：一条由霍尔木兹海峡进入波斯湾，沿东岸到幼发拉底河的出海口阿巴丹和巴士拉；另一条越阿曼湾，沿阿拉伯半岛南岸，到达红海口亚丁附近。中古时期几位阿拉伯著名旅行家如苏莱曼（851）、马苏第（947）和伊德里西（1154）都记述了中国巨舶经常停泊在波斯湾的西拉夫和红海口的亚丁。马苏第在《黄金草原》中明确记载，一名中亚撒马尔罕商人带货到伊拉克，又从伊拉克带一批方物南下到达巴士拉，从那里又乘船前往阿曼；然后又由海路前往吉打（Kalah，Iedah），那里基本上是位于前往中国道路的半程中点。今天，该城是锡拉夫和阿曼穆斯林们的船只航行的终点，他们在那里可遇到中国船。但从前的情况远非如此，当时中国的船只就驶往阿曼、锡拉夫、法尔斯和巴林海岸、乌布拉和巴士拉，而这些地区的人也直接航行中国。[①]

马苏第于 947 年对波斯湾和红海航程及中国船在上述港口的出现与贾耽在 8 世纪末所记中国船通行大食海道基本吻合，说明唐代中国船舶进出波斯湾已是不争的事实。

埃及在阿拉伯帝国中的地位，随着帝国政治中心的变动辄有变化，但埃及作为承前启后的东地中海文化中心在伊斯兰世界是不可取代的。倭马亚王朝和阿拔斯王朝前期，阿拉伯帝国政治中心分别在大马士革和巴格达。在此期间，埃及经济持续发展，商业繁荣，与北部非洲的阿拉伯统治地区的联系愈来愈密切，成为

---

① 马苏第：《黄金草原》，青海人民出版社，1998 年版第 182 页。此段著名引文的译文，笔者参照对比了五种中译文，决定采用耿昇译文，但对"吉打"之译名仍存疑。

阿拉伯世界文化的传播站，中国的"三大发明"都是先后经由埃及传到北非和欧洲的。641年首先率军进入埃及的阿拉伯统帅曾在尼罗河右岸建立富斯塔特城——开罗城的前身。在北非麦赫迪城（今属突尼斯）建立的法提玛王朝派军于969年向东挺进，进占埃及，在富斯塔特城基础上建曼苏里耶城。974年，新王朝以此为都，改名开罗。从此，开罗城逐渐成为阿拉伯世界的政治中心。到10世纪中叶，阿拉伯语已为埃及人普遍使用，科普特语成为少数人语言。10—11世纪埃及的阿拉伯化臻于完成，进入了历史转折时期。988年爱资哈尔大学在开罗成立。此后五个世纪，十字军东征主攻对象指向埃及（第五、第七次）。中华文化与非洲文化的交流，变成主要是与埃及—阿拉伯文化的交流。尼罗河地区所接收的亚洲阿拉伯东方文化的辐射，从开罗又折射到马格里布的摩洛哥、埃塞俄比亚、索马里、东非沿海地带以及中苏丹、西苏丹地区（虽然已很微弱）。

丝绸文化依托于埃及的深厚基础，继续发挥其渗透力量，甚至越过撒哈拉沙漠进入西苏丹的马里国家地区。由于赤道地区炎热潮湿，有机物的文物易腐烂，丝绸遗物早已荡然无存，仅有个别旅行家游记留下的一鳞半爪的珍贵记载成为丝绸文化分布的佐证。著名的《伊本·白图泰游记》曾记载作者于1352年赴马里王国谒见素丹时，对宫殿大厅宝座的一段描述：

> 素丹有时在大厅坐朝，那里树下有一高台，称为班比，
> 上面铺着丝绸，摆着靠枕，上面悬挂着绸缎宝伞，伞上

有一苍鹰状的金乌……①

宫中其他地方也有多处使用丝绸装饰，如素丹仪仗队使用红色绸旗，宫中窗户挂着丝绦，以及晋见素丹的戴着大耳环的一批黑人首领，"身上披着丝绸披纱"。②由此可见，即使在热带非洲地区上层黑人穿戴和使用丝绸也已成为一种身份的重要体现。丝绸在非洲服饰文化中又体现为一种权威。对比1000多年前，丝绸在埃及亚历山大城服饰文化中所展现的人体美，丝绸在文化传播中所承载的功能似乎是不朽的。

当中国丝绸文化向世界偏远地区的传播尚处方兴未艾阶段时，中国又一项发明——瓷器以其庞大数量正通过海路向非洲拥来。1912年，在开罗南郊附近一座焚毁于1168年的富斯塔特废墟下面发现大量瓷碎片。经过8年发掘，堆积如山的陶瓷碎片中属于中国的约有2.2万余片，③年代从8—9世纪的唐代至16—17世纪的明清两代。在东非的摩加迪沙、布腊瓦、桑给巴尔、马菲亚岛、基尔瓦岛、坦噶尼喀、奔巴岛等都发掘出大量中国唐宋以来的瓷片，废墟上中国瓷片数量多到可以用考古发掘用的锹子整锹地铲起来。④中国瓷器在非洲分布地区之广、交流内容之丰富和考古资料之翔实，许多方面似都超过了中国丝绸。实事求是地说，陶瓷应是中国和非洲文化交流的最有力的例证。

---

① 《伊本·白图泰游记》，宁夏人民出版社，1985年版第600页。
② 同上，第609页。
③ ［日］三上次男：《陶瓷之路》，载《中外关系史译丛》第1辑，上海译文出版社，1985年版第192页。
④ B. Davidson, *Old Africa Rediscovered*, London, 1960, p.132.

　　中国与非洲陶瓷之间文化性质的交流与丝绸相比，另有其突出特点。中国与埃及制作陶器都有几千年的工艺史，尤其是埃及拥有几千年制作玻璃的历史。埃及在公元前 3000 年就已经制成铜色碱性釉彩陶器；过了 1000 年又发明了在青釉内层用锰的黑紫色彩描绘图案；到公元前 1000 年早期埃及已能在制陶时涂上青、绿、黄等多种色釉并绘出典雅花纹。埃及的碱性釉陶一直兴盛到 7 世纪进入伊斯兰时代以后。真可说是源远流长、异彩纷呈。中国在陶器基础上发明了与陶器有质的不同的瓷器。从商周的"原始瓷器"经历两汉、魏晋、南北朝几个质的飞跃时期，到隋唐中国瓷器生产进入繁荣时期。"天下无贵贱通用之"，瓷器成为中国人日常生活不可缺少的日用品。

　　中国瓷器输入埃及，在阿拔斯王朝前期，如前所述是从波斯湾转运。到法提玛王朝及其后，则直航红海，有的从阿伊达布港转运，有的通过连接尼罗河的运河直接运到富斯塔特。质地精良、图案绚丽、造型美观、胎质薄细的中国瓷器进入埃及市场深受欢迎。富有制陶经验、技艺高超的埃及陶工惺惺惜惺惺，很快便吸取中国瓷器的色、形和图案设计，大量仿造。当时埃及为仿造中国瓷器设有专门作坊，子承父业形成世代相传的专业工匠。这一群体经验丰富、技术精湛、世代延续，有的仿制品制造很成功，达到"以假乱真"的地步，除质地有别，外观几乎毫无二致。但中国烧的是瓷器，埃及仿造的是黏土质的陶器。在 9—11 世纪仿唐三彩制成彩釉陶器，仿早期定窑白瓷花口碗制成白釉花口陶碗，这些仿制品从色彩到工艺都具有伊斯兰色彩。11—14 世纪主要模仿龙泉青瓷，从器形、釉色、贴花工艺，到器内外刻划纹饰都能逼真地模仿，如仿北宋龙泉青瓷制成刻花篦点纹陶碗。14世纪下半叶以后仿制元、明青花瓷。元代青花瓷"墙内开花墙外红"，国内未普遍流行，相当大部分出口到埃及，引起富斯塔特模仿青花瓷的热潮。现埃及博物馆库藏60万～70万陶片，约有70%～80%是模仿中国瓷器的伊斯兰陶片。其中有一小遗址，出土中国龙泉青瓷109片，而埃及仿龙泉青瓷的陶片则多达6917片。[1]埃及的红海沿岸、尼罗河中游和三角洲都发现有中国瓷器，分布十分广泛。仿制中国瓷器的埃及陶器多为一般中下层人民使用，而法提玛王朝和阿尤布王朝宫廷则大量使用和收藏中国瓷器之精品，并以青瓷作为贵重礼物相馈赠。瓷器和仿中国瓷器的埃及陶器已构成中古埃及饮食文化和陶瓷文化不可分割的一部分。中埃之间陶瓷文化的交流和切磋达到水乳交融的地步。

中国瓷器沿地中海西岸向北非分布，直至摩洛哥。伊本·白图泰在游记中指出，中国瓷器散布之广，泉州（刺桐）生产的"瓷器运销印度等地区，直至我国马格里布（摩洛哥）"。[2]

瓷器在东部非洲比北非分布更广，而且数量大、品种多，以致东非有"中国古瓷的储仓"之称。埃塞俄比亚发现中国古瓷的重要地点有8处。大约从13世纪起中国的青瓷、青花瓷和釉里红运到红海泽拉港附近的萨阿德丁岛，埃及商人由此起岸运到埃塞

---

① 参阅马文宽、孟凡人：《中国古瓷在非洲的发现》，紫禁城出版社，1987年版第55～58页。本文此段主要参考马、孟二氏著作。
② 《伊本·白图泰游记》，宁夏人民出版社，1985年版第546页。

俄比亚和索马里。中国瓷器不像成千上万匹中国丝绸无影无踪地消失在 7 世纪以前阿克苏姆古国潮热的气候里，而以永不腐朽的身躯充当历史见证。中国瓷器有的原封不动保存下来，细润如玉，光洁无疵，仍显示出高贵地位和显赫声望；有的瓷器已粉身碎骨散成碎片，为泥土所掩埋，仍质地坚脆，色泽鲜明，闪烁着历史烟尘。埃塞俄比亚塔纳湖的古代基督教教堂里有一个精美的瓷罐，装着著名皇帝萨尔察丹格尔的内脏。东非早期清真寺与西亚北非清真寺显著不同之处是，采用大量进口的中国瓷器来装饰清真寺而不是以精美的花砖来装饰建筑，因东非尚不具备自己建窑烧砖的条件。东非清真寺大殿的密哈拉布（礼拜龛）是用瓷器装饰，墓室亦用瓷器装点，延绵几个世纪之久。可想而知，东非穆斯林需要消费多少中国瓷器，难怪考古学家说，在东非多处废墟中中国瓷片可以整锹整锹地铲起来。由于中国古瓷文化与东非的社会生活和宗教意识密切地交融，使古瓷成为独具特色的东非穆斯林文明的一个组成部分。

从对外贸易角度看，东非拥有大量进口中国瓷器的物质基础。东非盛产的多种香料和象牙是中国汉以来几个朝代历久不衰的特需商品。古代埃及人和中国人都喜欢焚香。有多位学者认为汉以后中国人喜用的长柄香炉是起源于古埃及。[1] 中国人喜用香料大有后来居上之势。唐朝上层社会男男女女整日生活在香云缭绕的环境中，宅院散发着香味，浴桶中加了香料，衣裳挂着香囊，不仅寺庙香烟袅袅，连衙门公堂也香气袭人。赵宋一代对海外盛产的

———————————

[1]　谢弗：《唐代的外来文明》，中国社会科学出版社，1995 年版第 350、374 页注。

香料有更大的需求。1077 年（神宗熙宁十年）仅广州一地就进口乳香 348673 斤。[①] 南宋在偏安局面下，君臣上下"错把杭州当汴州"，过着"楼台飞舞祥烟外，鼓吹喧呼月明中"的苟安奢靡的生活。社会上盛行薰香风气，上层阶级在屋内、帐内、车内、轿内、袖中、被里到处薰香，"车驰过，香烟如云，数里不绝，尘土皆香"。[②] 富裕阶层追求用产于东非柏培拉的上等真龙涎和香焚烧，"焚之一铢，翠烟浮空，结而不散"。[③] 香料继续扩大用途，用作化妆、调味、腌存等用途，因而对香料的需求量越来越大。宋政府派人去"尽行博买"，并把香料列入专卖，民间不得"市番商香药禁物"，以保税利。

赵宋一改唐代市舶相对稀少局面，除金属钱币外，放手进出口生意。香料、象犀、珠宝之类生意越做越大，南宋海舶岁入激增至 200 万贯，[④] 为北宋近 7 倍。海商亦获利极大。东非是盛产香料、象牙、犀角的地方，自然成为宋代重要的贸易对象。唐代中国商船主要走波斯湾这条航线，较晚才转向红海。那么，宋代商船除了继续这两条航线外，是否还开辟了新航线？宋代造船和航海技术较前有新的跃进，无论是船形、船体构造、船舶属具和造船工艺等造船方面技术都比前代更臻于成熟，海船的稳性、耐波性和快速性显著提高。这从泉州湾发掘的宋代海船研究中完全得到证

---

① 梁廷枏：《粤海关志》卷三。

② 陆游：《老学庵笔记》卷一。

③ 赵汝适：《诸蕃志校释》，杨博文校释，中华书局，2000 年版第 212 页。周去非：《岭外代答校注》，杨武泉校注，中华书局，1999 年版第 266 页。

④ 王应麟辑：《玉海》卷一八六。

实。① 宋代沉船"南海一号"于 2007 年
7 月发掘出水。水浮指南针盘在航海中
使用，大大提高了航海定向技术水平。
据沈括《梦溪笔谈》记载，"水浮法指
南针"漂浮水面，能相对保持磁针的水
平状态和稳定性，比较实用。② 正是这
种技术比较成熟的指南针（盘）首先用
于航海。徐兢在宣和四年（1122）撰写
的《宣和奉使高丽图经》中记载了这种
指南针的实际应用。他说，船队航海，
夜晚"视星斗前迈，若晦冥，则用指南
浮针"。自此，指南针弥补了天文导航
之不足，成为全天候的导航工具。具备
了这些有利的泛海条件，而陆路通西域
的交通在宋代却越来越困难。11 世纪中，
西夏控制了河西走廊，宋商须绕过青海
北部，旅途更加僻远迂回。因此两宋政
府从政策上积极支持海路交通，开辟新
港，设置市舶。宋代海外贸易蓬勃发展，

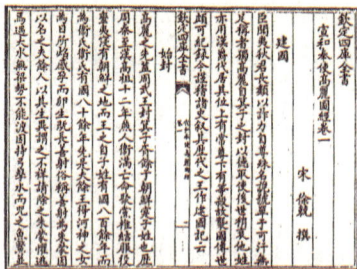

《宣和奉使高丽图经》书影

---

① 参见福建省泉州海外交通史博物馆编：
《泉州湾宋代海船发掘与研究》，海洋出版社，
1987 年版。
② 北宋时已有四种不同装置的针形指南针，
除水浮法外，还有缕悬法、指甲法和碗唇法。

异常繁荣，超过前代。与南宋通商的国家多达 50 多个，南宋商人泛海前去贸易的有 20 多个国家。

南宋商人泛海前去贸易的国家是否包括红海、非洲及东非国家，国内外学者对此有不同看法。英国学者库普兰认为，没有确凿的证据证明中国人在 15 世纪以前即明代以前到过东非。[①] 这大概是较保守的一种估计。宋代海船远赴东非的航船和航海技术是不存在问题的。下面，先分析推动中国商船直航东非的利益驱动有多大。东非除了优质乳香、象牙和龙涎香外，还输出犀角、玳瑁、琥珀和珍贵兽皮。特别是优质象牙、犀角、香料，中国对这些货物的需求量越来越大。名为香料的许多药，如乳香、沉香、木香、丁香、没药等多用于入药，需求量很大。[②] 香料的大量需求与当时社会风气有关系，上文已有提及。自汉以来中国商人便熟悉从红海阿杜伊斯出口的非洲象牙质量远超亚洲象牙。象牙被用作日用品的范围越来越大，不仅用于制箸、簪、梳等小器物，还用作装饰大件器物的镶嵌材料，如"用饰床座"，制作象床、象筵、象尊、象辂、象衾等。唐宋时期，君臣上下都爱用象牙。象牙被用来装饰皇帝乘坐的五路（玉路、金路、象路、革路和木路）重舆之一。"象路者，行道所乘也，黄质，象饰末"，[③] 规格很高，是必备的仪仗。大臣们朝会时必须携笏上朝，高品阶的大臣使用的笏均用

---

① Coupland，*East Africa and its Invaders*，Cambridge，1956，p.19.
② 洪基：《摄生总要》卷六。
③ 《新唐书》卷二四。

象牙制成。[①]犀角同象牙一样，用途宽广，不仅用来制作小盒子、手镯、筷子、镇纸等物，也用来入药和做各种解毒剂。李商隐《碧城三首》的诗句"碧城十二曲栏杆，犀辟尘埃玉辟寒"道出了犀角用途之广。南宋高宗皇帝赵构于绍兴元年（1131）"诏令张书言，拣选大象牙一百株，并犀二十五株，起发赴行在，准备解笏造带，宣赐臣僚使用"。可见象牙、犀角在朝廷仪礼中的必备用途。由此可知，东非对宋朝的商业利益是颇大的。

唐船长时期停步于波斯湾和南阿拉伯海岸迟迟未进入红海或南下东非沿岸，究其原因，最大的阻碍因素在于，阿拔斯王朝时期红海和南阿拉伯地区长期处于动荡不安的形势。到了赵宋王朝统治中国的 11—12 世纪，法提玛王朝及其后的阿尤布王朝已大致稳住了埃及和红海的局势，东非沿海城邦国家社会秩序也从乱到治，星星点点散布在几百公里的海岸线上的城邦国最多时有 37 个之多。[②]一种新的斯瓦希里文明的城邦社会正在东非地区兴起。东非商人向内陆、法索达地区和沿海地区收购象牙、犀角、黄金和各种香料，向印度洋东岸诸国招商进口瓷器、丝绸、铁器等。东非繁荣的进出口贸易维持了近 4 个世纪，吸引宋船进入东非沿岸。

① 阿拉伯人久闻中国人用象牙装饰轿子并用作朝会的笏板。阿拉伯学者马苏第误听误信，在《黄金草原》一书中曾做如下描述："在中国，国王和文武官员们都用象牙做手杖。任何一名官吏，任何一位贵人都不能携带一件铁器进入王宫，而只能带这种用象牙制成的手杖，所以他们都力图得到非常直、不带弯的象牙，以制作我们所讲的那种手杖。"此段引文见前引马苏第《黄金草原》，第468页。
② G.Oliver & G.mathew, *History of East Africa*, London, 1966, p.113.

南宋大海舶泛海多年富有经验。据《萍洲可谈》记载："大者数百人，小者百余人，以巨商为纲首。……舶船深阔各数十丈，商人分占储货，人得数尺许，下以储物，夜卧其上。货多陶器，大小相套，无少隙地。"[①]每年 11—12 月趁东北季风从广州、泉州扬帆出海，经过南海，越过马六甲海峡，航行 40 多天到达苏门答腊岛西北部的蓝里，在此港从事首批贸易业务并过冬。到第二年冬天，趁东北季风再起，开船横渡东印度洋，约 1 个月到达印度西南岸的故临（奎隆）。从故临出发用一个月时间越阿拉伯海，到达波斯湾沿岸或南阿拉伯半岛沿岸的麻离拔国（今佐法尔附近的米尔巴特）。这两条航线是唐代中国海员就已航行过的，较为熟悉。马苏第在《黄金草原》中曾一再提到过。

现在学术界发生争议的是，宋代商船行驶的航线是否曾横渡西印度洋到达摩加迪沙或东非其他港口，或是宋船仍沿旧航线从波斯湾南下，经红海口亚丁港，再沿今日"非洲之角"的索马里海岸南下东非沿岸，到达各城邦国。孙光圻在《郑和是我国开辟横渡印度洋航线的第一人吗》论文中，对东北季风期间西印度洋的洋流、风向、风力、航程进行过详细测算，认为周去非在《岭外代答》中提出从苏门答腊的蓝里（亚齐）到"麻离拔国"的航期为 60 天，[②]原文为在蓝里住至次冬，"再乘东北风六十日顺风方到"麻离拔国。经测算只有横渡西印度洋航线的航期才能与此基本一致，如果从蓝里直航故临，再走老航线，沿印度次大陆西

---

① 朱彧：《萍洲可谈》卷二。
② 周去非：《岭外代答校注》，杨武泉校注，中华书局，1999 年版第 99 页。

岸和阿拉伯海岸航行，航期将超过 80 天。孙氏认为周去非记载的蓝里—麻离拔航线可能是一条横渡印度洋的航线。[1] 宋代民间海商经营印度洋和东非的商业有多种途径和多条航线。其一，沿袭唐代以来最驾轻就熟的一种方式，是中国大海船只到印度西南海岸的故临（魁郎即今奎隆），"易（阿拉伯人）小舟而往"[2] 大食，如同阿拉伯人到故临"易（中国）大舟而东行"[3] 一样。故临以远的生意主要归阿拉伯商人或印度商人去做了。其二，中国商船到蓝里（今苏门答腊岛西北的亚齐），再乘东北风 60 日顺风到"麻离拔国"（今佐法尔附近）。由此南下过曼德海峡（红海口），沿索马里北海岸，从东北方绕过瓜达富伊角和哈丰角到达弼瑟罗国（今索马里）、层拔国（今桑给巴尔）等。这条航线是阿拉伯人早在公元前就已开辟的，独桅船乘 1 月初东北风最盛时南下东非沿岸，航程需 20—25 天；4 月以后风向转成西南季风，正好从东非返航佐法尔。宋船到东非沿岸走得最多的可能是这条航线。其三，宋船在拥有"浮水法指南针盘"导航后有可能开辟一条最快捷的横渡印度洋的新航线，即从苏门答腊岛的蓝里乘东北季风驶向马尔代夫群岛（马累为泊点），补充淡水等物资后继续乘东北风之末横渡西印度洋。在春季结束之前赶到木骨都束（摩加迪沙）。按此航线，宋船若在第 1 年农历 11 月从广州起锚，于次年 3 月春季结束之前赶到东非，尔后在 6 月初乘西南风从东非返航，

---

① 孙光圻：《郑和是我国开辟横渡印度洋航线的第一人吗》，载《海交史研究》，1984 年第 6 期。
② 《岭外代答校注》，第 91、126 页。
③ 同上。

一路顺风可在八月底前返回中国。这是 100 多年后郑和船队航行的航线和航期。对于敢于冒险的南宋民间海商来说，这是一条效率最高、获利更大的航线。然而，在宋代这第 3 条航线毕竟是一条可能只有很少的海商才敢于贸然航行的航线，因而史籍中没有留下直航的航线资料。留下记载的航线航程与此相近的有：1281 年民间海商船长郑震从泉州载使臣回国，经 3 个月到斯里兰卡。以后在 3 年中他曾 3 度往返印度洋航线，每次都只用了 3 个月时间。[①] 这一航程新记录说明有指南针盘的指引，在一个季风季节从东非返回中国是可能的。

唐宋期间，真正到过非洲的中国人比之前大大增加，但留有姓名者罕见。至今仅能从两方面获得证明：

一是从文字资料上取得证据。如天宝十年（751），《通典》作者杜佑（735—812）族子杜环在怛罗斯战役中被阿拉伯军俘虏，在西亚、非洲逗留 11 年，于宝应元年（762）附商船回到广州，曾著《经行记》一书，惜早佚，仅在《通典》中残留片段。其所记载到过之处的基本情况，史家认为简明、翔实，系亲见而非传闻。其中有摩隣国。[②] 其中"摩隣国"在《新唐书》中写成"磨邻"。摩隣国究竟在何处？《新唐书·西域传》有一段文字，根据《经行记》记载，作者"自拂菻（罗马帝国）西南度碛二千里，有国曰磨邻……"。[③] 这个段落结构颇似个人游记文体。学者多数认为

① 杜石然、范楚玉等：《中国科学技术史稿》下册，科学出版社，1983 年版第 13 页。
② 杜环：《经行记笺注》，张一纯笺注，中华书局，2000 年版第 19～21 页。
③ 《新唐书》卷二一八下。

作者可能到过的"磨邻"（即摩隣）即今之摩洛哥。从西亚到摩洛哥的陆程一般要经过埃及。从埃及往西须越撒哈拉沙漠北缘（即"度碛二千里"），经过今日利比亚和突尼斯等地区方能到达西北的摩洛哥。因此可以合理地判定：杜环到过埃及、摩洛哥等非洲国家。

二是从中国海船在西印度洋的活动资料（包括考古资料）考察中国人是否到达过东非沿岸。8—13世纪中国人到东非沿岸有两种可能：一种可能是，乘阿拉伯人或印度人的船去，这仍需要文字资料证明。另一更大的可能是，乘中国自己的商船去。《岭外代答》和《诸蕃志》都没有直接而明确地提到中国商船到达过东非。[①]但从各方面条件分析来看，中国商船到达过东非是有很大可能的：（1）从航线看，宋代中国大商船麇集印度南部西海岸的故临，阿拉伯船"至故临易大舟而东行"[②]至中国，而欲往阿拉伯诸国的中国舶商"必自故临易小舟"。10—13世纪波斯湾和红海航道较窄，密布珊瑚礁，换成"小舟"自然安全、方便。如果由印度直接驶往东非沿岸的桑给巴尔（昆仑层期）和基尔瓦岛，港阔水深，由大船横渡印度洋直接泊岸则最为便捷。已拥有"浮水法指南针盘"的中国海船，缺乏的只是对航道的熟悉。当然，随着宋船航抵东非，自会有中国人到过东非。（2）东非沿岸发现大批宋代钱币，

① 只有皮尔斯在《桑给巴尔》一书中说，有一个中国船队约在1270年访问过阿扎尼亚海岸或东非海岸。见 Pearce, Zanzibar, *The Island Metropolis of East Africa*, London, 1920, p.344。
② 周去非：《岭外代答校注》，杨武泉校注，中华书局，1999年版第126、第91页。

这些钱币有可能是从宋船登岸的中国人带上去的。据弗里曼 – 格林维尔的分类统计，摩加迪沙一地发现有从北宋真宗（998—1023 在位）到南宋理宗（1253—1259）的钱币共 15 枚，另一枚出自布剌瓦。此外，在基尔瓦曾发现 6 枚，在马菲亚岛和格迪各发现 2 枚。1944 年从埋藏在桑给巴尔岛卡真瓜的一个深珊瑚阱中发掘出 176 枚钱币，除 4 枚属唐代，172 枚均为宋代钱币。[1] 弗里曼 – 格伦维尔认为这些钱币可能是迷路的中国人埋藏的。[2] 东非沿岸和近海水下考古的进一步开展，将会提供更多的资料解释疑团。

随着中国同东非的海洋贸易增多，中国民间海商赴东非经商增加，非洲的阿拉伯裔商人和东非波斯裔商人来华经商交往频繁。很多讲阿拉伯语的非洲人来到中国，有的人因久居中国或通晓中国情况而在自己名字之后获得了"中国"（Sini）这一附名。才能出众的教法官阿卜勒·哈桑·萨阿德·哈伊尔·安萨里从马格里布前往中国，逝世于 1146 年，得到"中国"这一附名。唐宋时期关于海外贸易的书籍越来越多涉及非洲，尤其是以往从未介绍过的东非，对东非的记载越来越详细具体。除上述唐代杜环的《经行记》（著于 762 年之后）有关于摩隣国和埃及的记载，迟约 1 世纪后段成式的《酉阳杂俎》谈到拨拔力国（一般认为属今索马里古称 Barbary 的地区），指出其物产"惟有象牙及阿末香"。这正是中国最需要的物产。从《酉阳杂俎》"拨拔力"条和按它

---

[1] Freeman-Grenville, *East African Coin-Finds and Their Historical Significance*, in J.A.H, 1960, 1∶1.

[2] Ibid.

改写的《新唐书》所描述的拨拔力"妇人洁白端正"和"明皙而丽"①来看，此种肤色居民仅限于阿拉伯裔居住的沿海地区。宋代描述非洲书籍又有更大进步，有的地方记载之详细甚至是百年以后《马可·波罗游记》所未及的。周去非的《岭外代答》已把笔触伸入昆仑层期国（或指桑给巴尔，也有说是马达加斯加岛）、木兰皮国（摩洛哥）。周去非本人未曾出国，但与舶商有交往，勤访博问，搜集海外 20 多国资料，内容翔实。《外国门》等部分无抄袭前人之迹，多所开创，实属难得。赵汝适（1170—1231）《诸蕃志》是又一部佳作，所记国家有 58 个，颇有前人所从未记载过的，尤其是非洲竟列出 7 ～ 10 国（处）之多。北非有勿斯里国（埃及）及憩野（开罗）、遏根陀（亚历山大城）、木兰皮（摩洛哥）、毗喏耶（可能是突尼斯、的黎波里一带）等，东非有层拔（桑给巴尔，《宋史》作层檀）、昆仑层期国（可能指马达加斯加）、中理（中疑为申之讹，索马里一带）、弼琶啰国（索马里）。弼琶啰名下有四州，可能包括今之柏培拉、泽拉、木骨都束（摩加迪沙）和卜刺窪（布腊瓦）。所记各国物产多达 47 种，其中有多种是前人从未记载过的。另一部佳作《诸蕃志》所载各国风土人情和物产资源的材料，很多是赵汝适任福建市舶四年多期间"询诸贾胡"（采访外国商人）所搜集的，亦属第一手资料。有趣的是，中国史书相继记载了近千年的主要指埃及亚历山大城的犁靬、大秦的情况，《岭外代答》提了一句，勿斯里国（埃及）"其远也，

---

① 段成式：《酉阳杂俎》卷四。

不知其几万里矣"。① 在《诸蕃志》中却有了更进一步的记载，"勿斯里国"条明确提到尼罗河"江水"：

> ……其国多旱。管下一十六州，周回六十余程，有雨则人民耕种反为之漂坏。有江水极清甘，莫知水源所出，岁旱诸国江水皆消减，惟此水如常，田畴充足，农民借以耕种，岁率如此。人至有七八十岁不识雨者。②

关于亚历山大城（遏根陀国）也有正确的叙述，并提到了著名的灯塔：

> 相传古有异人狙葛尼（指亚历山大国王）于濒海建大塔下凿地为两屋，砖结甚密，一窖粮食，一储器械，塔高二百丈，可通四马齐驱而上，至三分之二。塔心开大井，结渠透大江以防他国兵侵，则举国据塔以拒敌，上下可容二万人，内居守而外出战。其顶上有镜极大，他国或有兵船侵犯，镜先照见，即预备守御之计。近年为外国人投塔下，执役扫洒数年，人不疑之，忽一日得便，盗镜抛沉海中而去。③

关于"木兰皮国"条，多与《岭外代答》中"木兰皮国"条相同。唐朝唯一到过北非而留下姓名的《经行记》作者杜环，关于"大秦"（包括埃及和亚历山大城）只留一行字"其大秦，善

---

① 《岭外代答》，第 127 页。
② 赵汝适：《诸蕃志校释》，杨博文校释，中华书局，2000 年版第 120、123 页。
③ 同上。

医眼及痢，或未病先见，或开腹出虫"。[1] 如果杜佑在《通典》中能将他的族子杜环所著《经行记》全部照录下来，而不是只抄录《经行记》中的 1511 字，我们可能会看到亲身目击者关于埃及更多的翔实记载，而不致留下未窥全豹之遗憾。

---

[1] 杜环：《经行记笺注》，张一纯笺注，中华书局，2000 年版第 23 页。

第六章　中国『四大发明』传入非洲和在交流中的地位

从 641 年起埃及成为阿拉伯帝国的一部分，由于大马士革和巴格达政权在几个世纪中仅将埃及作为一个省来统治，极力贬低其在阿拉伯世界文化中的地位，埃及在中古东西方文化交流中的地位迭有变化。

7—11 世纪这一阶段是巴格达作为政治中心，阿拉伯文化在两河流域地区大放异彩的时期。哈伦·拉希德和麦蒙两位哈里发在位时期十分重视古代各国文化，充分吸收希腊、罗马、波斯、印度的古典文化精华，掀起百年翻译运动，将古典名著译成阿拉伯文。历任哈里发操持国家机器力量，维持巴格达在阿拉伯世界的中心地位，贬抑埃及。印度洋贸易一直是阿拉伯帝国最重要的经济来源之一，以波斯湾为贸易终端点更有利于伊拉克的航道同途经红海进入埃及的航道的竞争。凡有争执，受"国家政策"干预，总是以有利于巴格达的方案解决。但埃及的优越地理位置，它联系北非马格里布诸国并由此联系西班牙以至西欧的经济、文化的纽带作用是不可取代的。埃及在中国发明的造纸术西传中的作用十分突出。纸张的发明对人类文化的保存、传承和传播起了伟大的作用。中亚诸国早就使用中国纸张，但不会制造。在 751 年中国和阿拉伯军队的怛罗斯战役中，中国造纸工匠被俘至撒马尔罕（Samarkand）。[①]酷爱图书的阿拉伯人深知纸张对图书发展的决定作用，真正纸张的生产是文化发展的前提。埃及、北非和西亚三千年来一直使用埃及生产的纸草加上少量羊皮纸。纸草（papyrus）不是化学纸张，脆而易碎，性能差，数量少，价格高，满足不了阿拉伯人誊抄古典著作等学术活动的大量需求。阿拉伯作家瓦斯吉尔迪说，在怛罗斯战役中"穆斯林掳获甚丰，掳来的一些人的孩子们就是现在在撒马尔罕制造上好纸张、各种武器和各种工具的人"。8 世纪中叶，阿拉伯人先在撒马尔罕设立第一座造纸工场，使用中国技术和工匠生产第一批中国纸。这种纸张质地轻软、洁白平滑、细腻匀整、吸水力强，远胜埃及纸草。8 世纪末在巴格达（793）和大马士革（794）设造纸工场。埃及造纸工场是较后设立的。第 5 任哈里发哈伦·拉希德（786—809）让大臣哲尔法尔下令所有行政机关只许使用纸张，不得再用羊皮。9 世纪末在尼罗河三角洲建立造纸工场。中国纸张的质量和数量是纸草无法比拟的。经过一段时间，中国造纸术制造的纸在阿拉伯 - 伊斯兰帝国全境得到广泛使用。

禁用纸草写字，普遍使用中国纸，刺激了埃及造纸业的发展。在埃及，纸张逐步代替纸草的过程表现特别明显。格罗曼对埃及沙漠地带发现的大批古代纸张和纸草进行整理研究。在 12500 卷阿拉伯文注明年代的文件中，属于伊斯兰教历第二纪（719—

[①] 沙畹：《西突厥史料》，中华书局，2004 年版第 274 页。

815）的 36 件文件都是写在纸草上的；属于第三纪（816—912）的 120 件文件中有 96 件写在纸草上，24 件写在中国纸上；属于第四纪（913—1009）的 86 件文件中，写在中国纸上的有 77 件，写在纸草上的只有 9 件。[①] 随着年代进展，纸草与中国纸相比，越来越相形见绌，它退出历史舞台已属必然。到 1040 年，埃及开罗市民使用纸张已到了相当普遍的程度。一位波斯游客谈到开罗见闻："街上卖菜的和卖香料的小贩都随备纸张，用来包装任何卖出的物品。"[②] 1100 年法提玛王朝又在摩洛哥的非斯城建新造纸工场，从开罗引进技术。摩洛哥造纸工场曾兴盛一时，1202 年拥有打纸浆用的水磨 472 座。1150 年造纸术从北非造纸业中心的摩洛哥非斯城经西班牙传入欧洲。开罗生产的纸通过地中海输往西西里岛和欧洲大陆。12 世纪以后，欧洲诸国先后建立造纸工场。阿拉伯拥有丰富纸张，抄本大盛并广为流传，正好配合"百年翻译运动"为保存古代典籍立下功劳。法提玛王朝的开罗国家图书馆藏书，从劫后零落无几也增加到 20 万册。中国造纸术西传推动了世界范围文化的普及运动，影响深远。

　　11—14 世纪值得研究的是，为什么中国印刷术传入埃及的时间要比造纸术晚了几个世纪。中国雕版印刷是中国印刷术的最早形式，是由盖印和拓石两种方法的结合而逐渐发展起来的。关于印刷术起源的时间，学者比较一致的上、下限时间是 500—640 年。

---

① T.F.Carter，*The Invention of Printing in China and its Spread Westward*，New York，1955，pp.135～136.
② ［美］希提：《阿拉伯通史》上册，商务印书馆，1979 年版第 492 页。

唐初的印刷品出土可以佐证初唐时期就有雕版印刷。7世纪40年代，玄奘用纸印普贤像每年5驮，印数达万张以上。在唐代，居住在中国的阿拉伯人见到中国人用雕版印刷佛像、佛经，可以说是司空见惯。但为什么造纸术传到中亚和西亚迅即掀起建立造纸工场的浪潮，而对印刷术却迟迟未加利用？对比之下，埃及接受和采用印刷术反而比西亚普遍略早一些。西亚早期伊斯兰宗教文化有两个因素可能推迟了对印刷术的使用。首先，伊斯兰教不像佛教和基督教，不存在对"神像"（偶像）的崇拜。现存世界最早的印刷物之一是868年（唐懿宗咸通九年）印刷的《金刚经》，卷首是一幅释迦牟尼说法图。其次，伊斯兰教坚持《古兰经》经文应该手写不得"印刷"。

敦煌出土的《金刚经》（868年），现存最早的印刷物之一，藏于大英图书馆

1878 年埃及法尤姆地区出土了大量纸写本和 50 多件印刷品残页。所有残页均未留下带年款部分，专家从阿拉伯文字体上将这批印刷物的年代鉴定为 900—1350 年。被认为年代最早的一页印件（Rainer Collection No.946）的根据便是，据称此件字体为最早字体（10 世纪初）。1925 年以来上埃及乌斯姆兰等地又陆续发现更多雕版印刷品，却未见有 10 世纪初那样早的印件。原来主张上限为 900 年的阿拉伯文专家格鲁曼 1954 年访问埃及后也对被断为 10 世纪初那页残片的时间产生了疑窦。中国研究造纸印刷技术史专家潘吉星认为"埃及出土的阿拉伯文宗教印刷品不管字体如何都是蒙古西征后的产物，确切地说，其年代应在 1300—1350 年之间"。[1] 其理由是，皈依伊斯兰教的伊利汗国合赞汗（1295—1304）来自印刷术故乡中国的蒙古，不墨守成规，深知印刷术对传播宗教读物的效率，在他主持下伊利汗国 13—14 世纪成为印刷业中心。马木路克王朝统治下埃及的东界（叙利亚）与伊利汗国的美索不达米亚毗邻，伊利汗国在文化、艺术上受中国影响极深，乞合都（1291—1295）在位期间曾仿效元朝印钞法于 1294 年以雕版印刷纸币（钞），影响很大。包括印刷术在内的中国文化从伊利汗国进入埃及的时期，正是历史上交流最多的时期之一。突厥人出身的埃及马木路克王朝素丹更无视不准以雕版印刷伊斯兰教经典的传统做法。1300—1350 年间埃及首先出版了阿拉伯文的伊斯兰教经典，埃及使用印刷技术便走到了西亚穆斯林前头。埃及还起了跳板作用，通过埃及，雕版印刷由西西里传入欧洲，意大

---

[1]　潘吉星：《中国科学技术史·造纸印刷卷》，科学出版社，1998 年版第 575 页。

美索不达米亚王朝早期的镶嵌画

利近水楼台先得月,威尼斯在 15 世纪便成为欧洲印刷业中心。这一过程可以合理解释印刷术在西亚被推迟几个世纪的原因。

12—14 世纪中国科学技术发明涌入西亚、非洲和欧洲,确实很像李约瑟博士所说的,采取了"成串传播"(transmission in clusters)的方式。火药、指南针传入西方就是如此。中国最早出现火药是人们在炼制丹药时配制出来的,主要成分是焰硝、硫黄和木炭,颜色呈黑灰色,故称黑色火药。赵宋时期,火药的制造和使用技术均有很大提高,开始制作爆炸火器(有霹雳火球、震天雷等)、喷射火器(有火药弓箭等)和管状火器(有竹制突火枪和金属铸成的火铳)。中国火药外传大概从焰硝的制作技术开始(约 1240),13 世纪阿拉伯人称之为"中国雪",波斯称之为"中国盐"。火药约于 1270 年传入阿拉伯。摩洛哥人又将以火药为推力的火箭称为"中国矢"。在宋、金、元之间的战争中，火药使用愈益频繁。以铜或铁铸造的管状火器（炮和铳）出现于元、明时期，我国现收藏的最早一门铜铳是元至顺三年（1332）铸造的。

1965 年 3 月，李约瑟博士在剑桥

但管状武器传入阿拉伯、欧洲的路线至今仍未研究清楚。在马木路克王朝（1250—1517）统治的埃及，原来有一种用作药物的白色石脑油，可用来医治白内障、角膜石斑等眼疾。此药在眼科医药发达的埃及是常用药。它还有一种功能，在一定距离之外可用以引发火焰。埃及人称石脑油为 naft（纳夫忒）。当中国的焰硝被引进埃及并被用于烟火，埃及人把这种烟花药也称为纳夫忒，后来就把引进的中国火药叫作纳夫忒。在马木路克王朝的多次战争中，火药和管状武器都有突出的表现。伊本·赫勒敦在《柏柏

伊本·赫勒敦雕像

尔人及北非王国史》中描述 1274 年摩洛哥马里尼德素丹雅库布的麾下军队围攻西吉勒马塞城的情景：

> 有抛石机和弓弩，此外还有能射出
> 铁砂粒的"猛火油机"。这种"葡萄弹"
> 借助于一种可燃粉末（barud，阿拉伯语
> 火药之称）从猛火油机的管筒或弹膛中
> 射出，威力无穷，可与真主的力量匹敌。

李约瑟对此评论道："如果我们认为该文描述的是发射与火箭齐射弹丸的火枪或突火枪，而不是真正的枪或炮，那么文中所叙述的并非不可能。"因为"这与在这之前中国火药技术的传播相吻合"。[①]李约瑟还肯定，距此时（1274）约百年之后，真正的管状火器（真正的手铳或臼炮）就传播到埃及。他说，百科全书编纂家盖勒盖商迪"根据其亲眼所见，对在亚历山大城发射铁球的金属管大炮做了确切的描述，时间肯定是在 1365—1376 年之间"。"火枪无疑首先用于 1299 年和 1303 年马木路克与蒙古人之间的战争，手铳可能也是

---

① 李约瑟：《中国科学技术史》第 5 卷第 7 分册，科学出版社，2005 年版第 32、34 页。

柄長六尺鉌頭長尺許本柄下有鐵鐏而鐏之上
作鈎鐮夾鉌有二噴筒用時先放一筒藥線引鞲
復放一筒完即作短兵格架刀鉌比佐中遠等
此鎗有二噴筒故名火鉌頭長尺許鉌也兩刃向
上鋭也兩刃向下鐮也一器而四所之者設使有
膂力者持之亦利器也

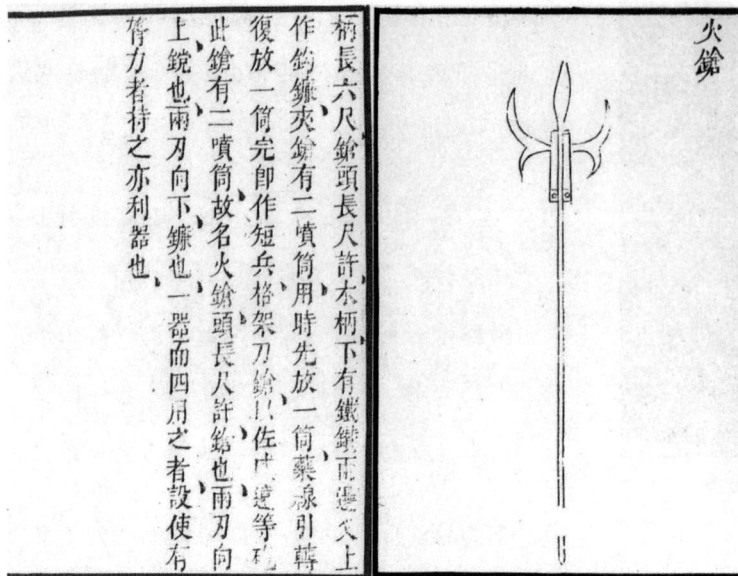

《武备志》书里记载的明代的火枪

这样"。① 火药和管状火器传入西方的部分路线，可能是通过北部非洲，若是这样，埃及将是其中一个重要的中间站。

中国的指南针传播到西方似乎比其他三大发明采取更加直接的方式。因为 12—13 世纪在西印度洋上阿拉伯人驶往东方的小舟"至故临国易（中国）大舟而东行"已持续了上百年。这样密切的"联运方式"显然极便于指南针盘的传授。阿拉伯矿物学家卡巴扎吉于 1282 年写的《商人辨识珍宝手鉴》一书中说，他乘船航行于叙利亚海域，从特里波利到亚历山大城时，见到海员使用借助木片

---

① 李约瑟：《中国科学技术史》第 5 卷第 7 分册，科学出版社，2005 年版第 32、34 页。

或苇箔托浮在水面的磁针辨别方向。[①] 有意思的是，阿拉伯人传给欧洲人的中国指南针正是一种水浮磁针，这种"水罗盘"是让磁针横贯灯芯浮于罗盘水面之上。唯一略有不同的是，中国水罗盘沿用了古地盘 24 向，再加上两位之间的缝针而成 48 向，西方的罗盘采用的方法为 32 分度。[②] 指南针西传，走的路线是印度洋—红海—地中海。埃及显然又是合适的中间站。这样，地中海的威尼斯船"近水楼台先得月"。弗朗西斯·培根于 1620 年在《新工具》一文曾对三大发明及其传播对人类历史的影响做过言简意赅的总

弗朗西斯·培根画像

---

① 张广达：《海舶来天方，丝路通大食》，载周一良主编《中外文化交流史》，河南人民出版社，1987 年版第 772 页。
② 中国罗盘 48 向较西方 32 分度罗盘更为精确。

结，值得整段引述：

> 最显著的例子便是印刷术、火药和指南针，这三种
> 发明古人都不知道，它们的发明虽然是在近期，但其起
> 源却不为人所知，湮没无闻。这三种东西曾改变了整个
> 世界事物的面貌和状态，第一种在学术上，第二种在战
> 争上，第三种在航海上，由此又产生了无数的变化。这
> 种变化是如此之大，以致没有一个帝国、没有一个教派、
> 没有一个赫赫有名的人物，能比这三种机械发明在人类
> 的事业中产生更大的力量和影响。

第七章

陆道海道俱畅通的

元代中非文化交流

元代在中外文化交流史上起了很特殊的作用，它是古代中外交通和经济、文化交往的鼎盛时期，不仅海路，陆路亦通畅。在中非文化交流上也是如此。元代与海外各国交往范围扩大，人员也增多，超过历代。仅中国海舶到过的国家和地区就有 200 余处。如果说唐代中国在西印度洋的航线是侧重于波斯湾一带，而宋代则侧重于红海曼德海峡和东非沿岸一带，那么元代不仅重回波斯湾，而且其航线又囊括了东非沿岸直至马达加斯加岛。元代大旅行家汪大渊是我国自愿出国旅游（不同于唐代杜环被俘）、"附海舶经数十国"①并写下游记的第一人。他的《岛夷志略》记述各国、各地（约 145 个）的山川、道里、物产、民风，大半是史所不载，即使过去记载过的亦不如他亲见所记之详尽。他自称所载"皆身所游览，耳目所亲见"，所以他是第一位在 14 世纪 30 年代游览北部非洲和东非沿岸并写下游记的中国人。汪大渊"两附

---

① 《四库全书简明目录》卷七。

舶东西洋"，^①却未见他自己经商的材料。他所采录的除山川风土外，兼录有"贸易费用之所宜"，^②看来只是做一些商业贸易的调查研究工作，故其友吴鉴说他"为司马子长之游"。^③正因不为具体商务所羁，他渡过红海后，能附外舶沿着北非北岸直抵今非洲大陆西北端——摩洛哥的丹吉尔（挞吉那），后又从非洲之角——索马里沿岸，绕过瓜达富伊角南下，走遍东非沿岸直至信风极限的基尔瓦（加将门里），^④似乎超过元代中国商舶所能直达的海域。丹吉尔位于地中海西端、直布罗陀海峡的西口，濒临大西洋东岸；而紧靠东非海岸的基尔瓦岛已界南纬 9°，是 100 年后航至东非沿岸的郑和船队因信风关系也难进泊的海域。汪大渊的游记为中国人扩展和丰富了对非洲的认识。在 14 世纪中叶，就非洲以外的世界对东非海岸地带的认识水平而言，中国人居于前列（与下述伊本·白图泰比肩）。

在花费 8 年时间、漫游三大洋 100 多国的汪大渊身上，体现了中国士大夫知识分子所缺乏的不畏艰险远游异国的探险精神。他两次浮海远游本身就是一种文化交流的行为。他著《岛夷志略》所记国名、地名达 222 个，其中有不少是首次见于中国著录的，并对其中 99 个国家和地区的"山川、土俗、风景、物产"做了

---

① 汪大渊：《岛夷志略校释》，苏继庼校释，中华书局，1981 年版第 389～415 页。

② 同上。

③ 同上。

④ 参阅沈福伟：《中国与非洲——中非关系二千年》，中华书局，1990 年版第 389～415 页。

比较翔实可信的记录，是研究 14 世纪亚洲、非洲各国史地的重要资料。明初随郑和下西洋的助手和通译马欢在远航之前就精读过汪大渊的书，他在《瀛涯胜览序》中说："余昔观《岛夷志》载天时气候之别、地理人物之异，慨然叹曰：普天下何若是之不同耶！"随郑和船队所至"鲸波浩渺，不知其几千万里。历涉诸邦，其天时气候、地理、人物，目击而身履之，然后知《岛夷志》所著者不诬"。[①]一股"惺惺识惺惺"的感慨跃然纸上。仅从资料准备方面来看，也可看出元代海外交通的发展，为郑和远航开了先河。

汪大渊能够以 8 年时间遍历亚非几十个国家和地区，除了个人条件外，文化的时代背景为他提供了有利条件：

首先，元代疆域广阔，国际条件有利于中国人纵横万里，七海扬帆。元朝同位于波斯湾地区的伊利汗国关系密切，有陆路和海路交通，特别是海路交通，南海航路商舶频繁往来，安全可靠，为中外人员的往来、互访提供了空前方便的条件。元代另一位由政府派遣的航海家、海运千户杨枢曾于元成宗大德八年（1304）由北京出发，大德十一年（1307）抵达波斯湾忽鲁谟斯（Hormuz），黄溍在杨枢墓志铭中说他"往来长风巨浪中历五星霜"，[②]可惜未留下游记。尤其值得注意的是，几乎同一时期，据《经世大典·站赤》记载，大德五年（1301）元廷派"使臣答术丁等钦赉圣旨，悬带虎符，前赴马和答束（即东非木骨都束，今摩加迪沙）番国征取狮豹等物，

---

① 马欢：《瀛涯胜览校注》，冯承钧校注，中华书局，1955 年版第 1 页。
② 《金华黄先生问文集》卷三五。

往回应付二年分例。……又爱祖丁等使四起，正从三十五名，前往刁吉儿（今丹吉尔）地取豹子希奇之物，往回应付三年分例"。[①]元廷派正副使到摩洛哥刁吉尔港取豹子，估计这段路程，大型兽笼陆上长途搬运不便，回程只能走地中海航线。元使运兽船舶从尼罗河口进运河，再入红海横渡西印度洋到印度南部西海岸的故临，可能按例在此换乘更大的中国商舶回国。中国宫廷喜好网罗非洲大型猛兽供欣赏，不自明朝始，在元朝便已相习成风，以致不惜花费巨资从大西洋岸边的摩洛哥万里迢迢运回豹子。

其次，元代造船技术和航海技能大有长进，居于 13—14 世纪世界前列。元船航速加快，航期缩短，安全可靠，成为各国商人和使臣首选对象。乘过中国大商舶的摩洛哥旅行家伊本·白图泰概括中国商船几个特点：①中国船体形庞大，结构复杂。船上甲板有四层，内有房舱、官舱和商人舱。官舱住房内设厕所，旅客可携女眷，闭门深居，自成一个小天地，与同舟旅客互不往来。②船上设有木槽，可种植蔬菜、鲜姜。③大船有 10～12 帆，帆多为席帆，以藤篾编制，耐海水腐蚀，顺风调帆，常挂不落。④船员甚多，配有武装，以御海盗，水手 600 名（包括使帆手和划桨手）、战士 400 名（包括弓箭手、炮手和盾牌手）。另据宋濂撰写的《项棟孙墓志铭》证实：福州海商林氏"驾大舶

---

① 《经世大典·站赤》，见《永乐大典》卷一九四一九。转引自陈得芝《元代海外交通与明初郑和下西洋》，载《郑和下西洋论文集》第 2 集，南京大学出版社，1985 年版。

行诸蕃间，舶上列旗帜，设金鼓以备不虞"。^①大船随带小船三艘，无风时小船划桨拖动大船前进。依据伊本·白图泰目击，仅在印度南部西海岸的卡里卡特港（古里）就麇集着 13 艘中国船。^②

元代中国船舶在辽阔的印度洋上已能用罗盘针位定向，比宋代又前进一大步。14 世纪中国已编成《商道针经》《针位篇》《粤洋针路记》等标出罗盘导航方位的图册。1295 年周达观奉使到真腊（今柬埔寨），所乘船就使用针位定向。周氏在《真腊风土记》开篇就记载："自温州开洋，行丁未针。"^③这是中国记载亲历航海使用罗盘针位的第一本书。^④使用罗盘针定向极大地促进了元代海上交通的发展，在优化航线选择、开辟新航线，尤其是横渡茫茫大洋中起了巨大作用。

最后，元朝在对外贸易等方面采取了比历代中国王朝都更开放的政策。允许民间海商经营海外贸易，甚至由政府出船出本钱"承包"给海商出海贸易。这种官商并举的政策收到很大效益，不管是国家财政或地方财源都从海外贸易中获得巨大利益。中国海舶频频出海，无论是波斯湾、红海亚丁湾、印度故临港，甚至东非沿岸诸港都停泊着许多在装货、卸货，或者在驻泊候风的中国巨舶。

---

① 陈得芝：《元代海外交通与明初郑和下西洋》，《郑和下西洋论文集》第 2 集，南京大学出版社，1985 年版。
② 《伊本·白图泰游记》，宁夏人民出版社，1985 年版第 490～491 页。
③ 周达观：《真腊风土记》，夏鼐校注，中华书局，1981 年版第 5 页。
④ 14 世纪写成的《商道针经》等书记录了前往忽鲁谟斯、阿丹（亚丁）、祖法尔（佐法尔）等的针位。

　　中国商舶在东海、太平洋、印度洋所开辟的定期或不定期的
航线以及长时间畅通的陆上丝绸之路都对中外的经济、文化交流
起了极大的作用。

　　到过中国的世界级旅行家如马可·波罗（1254—1324）、鄂
多立克（1286—1331）、伊本·白图泰（1304—1377）都出现在
元代。伊本·白图泰是摩洛哥学者兼旅行家，他一辈子大部分光
阴都在旅途中度过，行程达 12 万公里，在蒸汽交通工具出现前堪
称世界第一旅行家。1333 年他到达印度德里素丹国居住 8 年，于
1342 年受命于素丹率领使团访问中国。旅途中历经海难等波折，

鄂多立克

于 1345 年乘中国商船到达泉州、杭州等地。[①] 他在《游记》中赞誉泉州（他称为刺桐）是"世界大港之一，甚至是最大的港口。我看到港内停有大䑸克约百艘，大船多得无数"。[②] 泉州、广州、杭州等对外贸易的港口城市自唐宋以来就有很多大食商人寓居，到元代人数猛增。元廷依靠穆斯林（元时称"木速蛮"musulman）商人经营对外贸易，予以特权，势力很大。这些"木速蛮"常被笼统称为"西域穆斯林"，其中有些是北非穆斯林。伊本·白图泰发现元代中国几乎每城都有木速蛮的居住区，各区均设一主教总管教民事务。各地木速蛮都在其居住区建有礼拜寺，作为祈祷之所。泉州的礼拜寺最为古老。北宋大中祥符二年（1009）建造的清净寺，元代时（1310—1311）又重新翻修。研究者认为泉州清净寺同埃及开罗三座 14 世纪的清真寺建筑——哈桑素丹（1347—1351，1354—1361）的陵墓清真寺、巴尔古克素丹陵、法拉杰素丹修道院相仿。这种建筑样式也见于 1299 年在开罗建造的宰因丁·尤素福的陵墓清真寺，都是 13—14 世纪流行的马木路克式建筑结构。在杭州，伊本·白图泰住在埃及富商欧斯曼家族的宅第（欧斯曼·伊本·安法尼之子孙）。欧斯曼家族喜爱杭州，已几代寓居此城，他们可能就是田汝成的《西湖游览志》（卷一八）中所提到的回回大师阿老丁的后裔。元仁宗延祐年间（1314—1320）阿老丁在杭州崇新门内建真教寺，"寺基高五六尺，扃镭森固，

---

① 《伊本·白图泰游记》，宁夏人民出版社，1985 年版第 551 页。伊本·白图泰可能没到过北京，关于元大都的材料可能得自传闻，错讹甚多。
② 同上。

罕得阑人者，俗称礼拜寺"。白图泰见到一座大清真寺和一座道堂，后者供苏菲修道者居住。这些伊斯兰建筑都修建得很华丽，拥有的慈善基金亦很充足。欧斯曼家族久居中国"乐不思蜀"，以及颇多非裔侨民在中国久居，体现出中国文化和非洲阿拉伯文化之间的交流融合在元代尤有进步。这些在中国被称为"回回"的穆斯林，人数呈增长之势，他们长期与汉族人相处，学习汉语，研读儒家书籍，仿效汉人的姓氏名字，定姓立名，在保持自己宗教信仰的同时，越来越深地受到汉文化的影响，终于形成中国的回族。元代蒲寿庚家族和欧斯曼家族就是显例。这些拥有阿拉伯血统的穆斯林操舟使帆，富有航海经验，锱铢较量，精于经商之道，多半从事海上贸易。如蒲氏女婿佛莲拥有 80 艘海舶，成为中国民间海商的翘楚。另外值得一提的是埃及的以经营钱庄和东方贸易起家的卡里米家族活跃于马木路克王朝（1250—1517）时期，初期经营中国布帛，后靠贩运中国瓷器发了大财。其中伊祖丁·故临·卡里米曾到过中国 5 次。

除了雕版印刷、火药、指南针等发明在元代经过埃及、摩洛哥等地传到欧洲以外，其他稍小或名不见经传的发明也传入埃及和非洲其他国家。关于炼金术（可能是近代化学起源的鼻祖）起源于何处说法不一，有的认为起源于中国和印度，但埃及人中出现的炼金术作家和学者特别多。关于中国与埃及之间炼金术的交流尚待继续研究。但后来阿拉伯炼金术受到中国道家的影响，则是不争的事实。阿拉伯人也试图摄取某种化学物质（金丹）以达到长驻不老之目的。另外较为著名的是皮影戏。以羊皮等造形的影戏，演出时以灯光衬托，别具效果。南宋时临安（杭州）、泉州十分盛行。泉州阿拉伯人对此颇为欣赏，由他们带回埃及是皮影戏传播非洲的一种可能。更具可能的是蒙古军西征时带到中亚、西亚去的，后来由移居尼罗河的突厥士兵带到埃及。这种为老百姓喜闻乐见的简易娱乐形式，换上适合当地的文化内容（剧目、故事），很快便推广开了，几乎成为家喻户晓的游戏项目。1517年奥斯曼帝国素丹塞里姆一世率军攻占开罗后，他在马木路克王朝时期建立的宏大、壮丽的伊斯兰建筑群中游览几天，就返回伊斯坦布尔了。临走他几乎没带走什么东西，只带回一个中国人发明的、辗转传到埃及的皮影戏，供皇太子苏莱曼娱乐。突厥人对皮影戏似乎情有独钟。

元代中国盛行纸币。纸币的出现和使用是世界货币发展史上的一大进步。元代中统元年（1260）忽必烈在北宋出现的世界最早纸币——"交子"（合券取钱之意）的基础上发行"中统交钞"（丝本位）和"中统宝钞"（银本位）。"中统宝钞"是不兑换的纸币，长期使用。1294年波斯模仿元代宝钞印制纸币，汉字成为票面图案的一部分。汉语的"钞"成为波斯语吸收的一个外来词 c u。1338年逝世于开罗的地理学家阿合马·昔拔不丁（Ahmed Sibad Fddin）在30卷地理著作中介绍说：

中国人把桑树纤维所制成的长方形纸片当作钱币，上面印着皇帝的名字，使用这些纸币的时候，把它拿到官吏那里，打些折扣，取得另一票子，犹如在我们的造

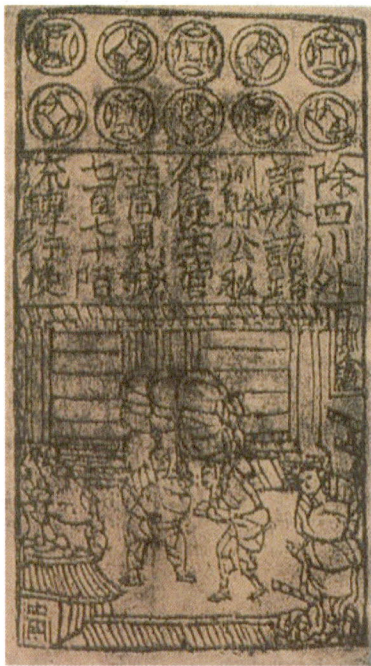

交子

币厂以金块、银块变换铸造的硬币。[1]

这是对中国纸币比较确切的介绍，此书写成时间与《马可·波罗游记》相近，可能先出版，影响甚远。

唐代中国人的饮茶习惯已到十分普遍的程度，阿拉伯人最早何时知道中国人的饮茶习惯尚不清楚。喝茶习惯西传大概不会早于 13 世纪蒙古人西征之前，传到埃及也可能在这个时期。中国瓷器传入埃及的文化影响不仅仅表现在埃及工匠仿效中国样式烧制

---

[1] 劳费尔：《中国伊朗编》，商务印书馆，2001 年版第 396 页。

出几可乱真的埃及陶器（已见上述），而且还影响到绘画。埃及画工长期临摹中国瓷器上的中国画，受到潜移默化的影响，在阿拉伯历代书籍中，都可清楚地看到模仿中国绘画风格的人物、鸟兽、花草的插图。[①]

元代海外交通的重大发展，特别是在印度洋的突出发展，为明初郑和下西洋准备了优越条件。自秦汉以来，西印度洋诸港口是中国商舶相对少去的海域，宋代开始部分突破这种局面，但因宋代陆路丝绸之路的中国段（从甘肃起）难通，宋船一般少去波斯湾。元代改变了局面，以往波斯人、阿拉伯人在西印度洋担当重要角色，到元代，这些长期叱咤印度洋海运风云的西亚船主和商人，很多都被纳入元朝海运体系。他们中有些人在元代海外交通甚至出海使臣中占有一定地位，并拥有"色目人"特权。如果说唐宋时期中国与西亚、北非的商船，在航海知识和技术方面有过交流（针盘西传即通过这种交流），到了元代，则发生了小的质变，中外两方面可以说是紧密地结合起来了。据陈得芝研究，元代泉州等港口的西亚、北非的回回（木速蛮穆斯林）都持有和使用他们本国的海道指南一类的资料。可能在此基础上，中国海员在明初几次航行中，迅速掌握了印度洋辽阔海域的罗盘针位定向，从印度次大陆西岸驶向波斯湾口的忽鲁谟斯，或横渡印度洋直航阿拉伯半岛南岸和非洲东岸各港。中国海员对其中大部分航线都标明了所用针位，有的航线（自龙涎屿以西）还兼用星辰定向，这些都标在海图上。向达在《郑和航海图·序言》中指出：

---

① 纳忠：《阿拉伯通史》下册，商务印书馆，1997年版第402页。

"印度洋上的航海家（如 1498 年的达伽马——引者注）一直到 15 世纪末还是靠观察南半球可见的南极星同观测其他星宿高度的简单仪器来定航行方位。这和《郑和航海图》后面的《过洋牵星图》颇有相似之处。"① 对比《郑和航海图》中牵星过洋技术，当天体朝正南或正北时，星天体距视水平线的高度称为几指几角（拇指与小指不计）。阿拉伯天文学上有所谓 Issaba 义为手指，一指相当于地图上的 1° 36′。菲利普斯在《印度锡兰海港考》一文中认为《郑和航海图》的一指与阿拉伯的一指距离大致相等。② 这种巧合可能是航海技术交流的结果。

---

① 向达校注：《郑和航海图》，中华书局，2000 年版第 13 页。
② 陈得芝：《元代海外交通与明初郑和下西洋》，载《郑和下西洋论文集》第 2 集，南京大学出版社，1985 年版。

第八章

郑和下西洋开辟了与非洲交往的新时期

明朝初年除去战乱的若干年，统一局面真正实现不到 30 年，国力方苏，就筹办郑和下西洋的航海壮举。元代比历史上各朝都更加重视海外贸易，允许私商下海。市舶是政府一项巨大的财政收入，因而终元一代都积极开拓和发展海外交通。明朝最初 200 年实行严格海禁，不许民间商人下海。隆庆以后（1567）才开始"弛禁"。与宋元时期不同，民间海外贸易正式渠道长期被堵塞，不得不以走私的形式继续活动，对涉外的经济、文化交流产生负面影响。由政府举办的郑和七次下西洋（1405—1433）的 28 年是明代海外交通最兴盛时期，也是中外经济、文化交流的黄金时代。永乐皇帝继承洪武皇帝与邻国友好相处"以共享太平之福"①的政策，但不同于其父限制中外官方交往的规模和次数的做法，他倡导和鼓励外国使臣来访，多多益善，让中外使者互访，广泛建立对外友好关系，特别是 6 次（第 7 次是宣德帝派遣）派遣郑和下西洋，仅在南洋、西亚、北非地区就与 30 多国建立了中外文化交流史全集友好互访关系，这是永乐帝的历史功绩之一。但他同其

---

① 《明洪武实录》卷三四。

永乐帝朱棣

父朱元璋一样不谙经济，空耗国库，靡费了许多宝贵资财，致使中国船舶航行太平洋、印度洋的壮举，终因耗费过多（不均等的）的国家财力和人力，而不得不遽然停止。而明朝的海禁政策却迫使中国商舶逐渐从西印度洋撤退。

从 1405 年（永乐三年）冬天东北季风陡起，一支由 208 艘海船组成的中国历史上最大的远洋船队从福建长乐港扬帆起航，"维绡挂席，际天而行"向南驶去，开始了人类航海史上规模空前的跨洋航行。此后，大致这样规模的船队一次又一次跨南海，横渡印度洋，向南亚、西亚和东非沿岸驶去。1405—1433 年（宣德八年）的 28 年中，杰出航海家郑和统率的远洋船队曾七次出航，遍历 37 国。其中第 4 至 7 次（分别在 1413 年 11 月至 1415 年 7 月、1417 年 12 月至 1419 年 7 月、1421 年 1 月至 1422 年 8 月、1431 年 1 月至 1433 年 8 月）都曾远抵东非沿岸诸国，留下了航海记录和私人游记。

郑和率领的远洋船队规模超过唐、宋、元历代任何一次出洋船队的规模。据长乐

"天妃灵应之记"碑记载：郑和与王景弘等"统率官校旗军数万人，乘巨舶百余艘"[1]下西洋。其中，第七次下西洋的船队，全体船员人数 27750 人，宝船数目约 61～63 艘。最大宝船长 44.4 丈（约 130 米）、宽 18 丈（约 53 米），有 9 桅，可载千余人。巩珍在《西洋番国志》中形容宝船"体势巍然，巨无与敌，蓬帆锚舵，非二三百人莫能举动"。[2]1957 年南京出土的宝船船舵杆有 11 米长，证明巩珍所述并无夸大之处。"大宝船"可以说是 15 世纪世界上最大的船。难怪所到国家或岛屿，当地居民蜂拥而出，观看前所未见的中国巨舶。郑和率领的船队总共到过 37 个亚非国家。其"分"（支队）到过东非，并遍访东非沿岸诸国。船队分碇泊地点约有 20 余处，曾从其中两个分地点直驶东非海岸，一是从锡兰（斯里兰卡）的别罗里到卜剌哇（布腊瓦）；二是从印度南部西海岸的小葛兰（宋称故临，今奎隆）到木骨都束（摩加迪沙）。分船队驶抵东非近海后，分别依风向、潮流沿海岸南北行驶。北上又绕行整个索马里海岸，所至口岸见于此行记载的，有速古答剌（今索科特拉岛）、葛儿得风（今瓜达富伊角即阿赛尔角）、哈噗浦尼（今哈丰角）。从木骨都束和卜剌哇南下有竹步（今朱巴河口准博附近）、麻林地（马林迪）和慢八撒（蒙巴萨）等。大多未见于宋、元时记载。

在世界航海史上具有重大意义的是，在航海图上留有记载的

---

① 陈延杭、朱家骏：《郑和下西洋在福建的史迹调查》，载《郑和下西洋论文集》第 1 集，人民交通出版社，1985 年版第 309 页。
② 巩珍等：《西洋番国志》，向达注，中华书局，2000 年版第 6 页。

（为各国学者所承认的）郑和船队赴东非的航线不是走宋元时期绝大部分船只走过的航线，即从印度西海岸横穿相对较窄的阿拉伯海到达阿拉伯半岛的佐法尔海岸，而后南下经亚丁，渡曼德海峡，沿索马里海岸南下东非，而是走了一条新航线，从印度南部西海岸的小葛兰或锡兰的别罗里横渡广阔的印度洋，直驶东非沿岸。郑和率领的船队拥有海上罗盘、掌握过洋牵星术，又熟悉和继承了元代航海技术，其分船队曾分别由印度的小葛兰和锡兰的别罗里，直放东非。《郑和航海图》上记载，从别罗里到东非，一支分船队以官屿（今马尔代夫群岛的马累岛）为中继站，按罗盘上庚酉方向（即 262.5°）向摩加迪沙驶去。[①] 记载此段航程的文字是："官屿溜用庚酉针，一百五十更，船收木骨都束。"与现代航海图比较，这个行驶方向完全正确。[②] 这条海路洋面宽达 3000多公里，"烈风陡起，怒涛如山，危险至极"，[③] 正是西印度洋风涛险恶的海域。但是，依靠明代海船的坚固，行船稳定，舵师使用罗盘精确，船员具有丰富的天象、水文知识和精湛的驾驶技术，郑和分船队敢以大无畏的精神，横渡最宽阔处的印度洋洋面。"云帆高张，昼夜星驰"，经过 20 天左右航行，冲破波涛险阻，安全抵达东非海岸。郑和率领船队四次到达东非，到过约 10 个国家和地区，大大增进了中国对非洲的了解。

在第 7 次下西洋之后（1431—1433），郑和率领的船队的船

---

① 　向达校注：《郑和航海图》，中华书局，2000 年版第 57 图。
② 　参阅侯仁之《在所谓新航路的发现以前中国与东非之间的海上交通》，载《科学通报》1964 年 11 月。
③ 　巩珍著、向达注：《西洋番国志》，中华书局，2000 年版第 6 页。

员集体编制了《自宝船厂开船从龙江关出水直抵外国诸番国》（后人简称为《郑和航海图》）以及其他未流传后世的航海图。郑和船队的航海资料、许多航海图和地图被反对下西洋的明朝官员烧毁。流传下来的《郑和航海图》分别绘明航线所经过的亚非各国的方位、航道、远近、航向乃至礁石、险滩，所收地名达 500 个之多，本国约占 200 个，亚非诸国约占 300 个，成为我国关于亚非两洲空前详尽的地理图籍，"在 15 世纪的世界地图学史上，像这样一部伟大的作品，还是少有的"。① 郑和的随员费信撰写的《星槎胜览》记载了关于东非诸国基本情况的材料，很有价值。费信描述摩加迪沙：

> 自小葛兰顺风二十昼夜可至。其国濒海，堆石为城，叠石为屋四五层，厨厕待客俱在其上。男子拳发四垂，腰围梢布。女人发盘于脑，黄漆光顶。两耳挂络索数枚，项带银圈，缨络垂胸。出则单布兜遮，青纱蔽面，足履皮鞋。山连地旷，黄赤土石，田瘠少收。数年无雨，穿井甚深，绞车以羊皮袋水。风俗嚣顽，操兵习射。其富民附舶，远通商货。贫民捕鱼，晒干为食，及喂养驼马牛羊。地产乳香、金钱豹、龙涎香。货用金银、色缎、檀香、米谷、瓷器、色绢之属。其酋长效礼，进贡方物。②

费信还对卜剌瓦（布腊瓦）、竹步（朱巴河口的琼博）的气

---

① 向达校注：《郑和航海图》，中华书局，2000 年版第 14 页。
② 费信：《星槎胜览校注》，冯承钧校注，中华书局，1954 年版第 21～22 页。

候、土壤、居民的生产活动及风俗习惯，做了较详细的叙述，尤其是详列出了当地的土特产和当作货币使用的物品，反映出分船队与东非沿岸各国进行贸易的一个侧面。这些记载不曾见于前人的著作，多是第一手材料，而且写得相当准确。研究郑和航海的专家郑鹤声认为，这些翔实的记述"极有价值"，[①]反映出中国人关于东非的认识水平较之宋元时期又有较大提高。然而，毕竟郑和下西洋时期中国与东非沿岸诸国直接接触的时间太短，又局限于海岸一带，因而，虽然消除了一些隔膜，但还谈不上真正了解非洲。为什么郑和分船队抵达东非沿岸最南边国家只到慢八撒（今肯尼亚蒙巴萨）为止？蒙巴萨位于南纬 4°03′，比朱巴河口的纬度（0°12′）更偏南 4°。纬度越偏南，帆船利用季风及时南下北返就越困难。此事还涉及今地未能确定的"孙剌"和"比剌"是否东非的索法拉港和莫桑比克。1960 年罗荣邦曾撰文《葡萄牙人东来前印度洋上的中国远征队》试释"比剌"有两种可能：或指赞比西河口赞比拉（Zenbere），或指德拉戈阿湾畔的比罗格拉斯（Belugaras），后者已接近今日莫桑比克南部的马普托港（南纬 26°）。沈福伟则认为"比剌就是莫桑比克（Mozambique）的比克，孙剌则是赞比西河以南的索法拉古港"。[②]

关于中国帆船是否从慢八撒继续南下南部非洲东海岸（索法拉仅是其中港口之一）的问题越来越引人注目，值得深入研

---

① 见《中国大百科全书·中国历史卷Ⅲ》，中国大百科全书出版社，1992年版第 1327 页。
② 沈福伟：《中国与非洲——中非关系二千年》，中华书局，1990年版第 459 页。

究探讨。

索法拉古港位于南纬20°，其内陆是东部非洲盛产黄金、铁和象牙的地带。研究东非史的专家一般都认为东非著名古港基尔瓦早在 12 世纪就已控制了索法拉的黄金贸易。与此同时，阿拉伯和斯瓦西里商人溯赞比西河而上已开辟了一条沿河的长途贸易商道。15 世纪初叶，穆托塔率其部落在姆森盖齐河沿岸定居，征服了附近部落包括索法拉，建立莫诺莫塔帕王国。依照当地古老传统，莫诺莫塔帕王国也在当地兴建"津巴布韦"（木石屋和石围墙），直至今日仍可见到当时留下的大围墙遗址。考古学家认为莫诺莫塔帕王国继承了当地两项悠久的贸易传统：①开挖浅竖井生产黄金作为贸易交换物。②将黄金、象牙、铁等货品通过陆路商道从马尼卡运往索法拉；或沿赞比西河顺流而下，运到赛纳，在此候船再运往沿海地区。无论哪一条商道，索法拉都是这些货物的集散地。由此可见，至少从 12 世纪以来，

索法拉地图，1683 年

索法拉便以"出产丰富的黄金和其他惊奇的东西"①而闻名于非洲东海岸和西印度洋。

1414年郑和率领的船队到达东非海岸的时候，有可能听到索法拉的地名和有关它的消息，但笔者认为，当时中国船队包括分遣队（分）除个别探测性小船外，②"满剌加国"条中记有"其小邦去而回者"即指此而言。不可能也没有必要南下远航至索法拉。这一判断有五方面理由：

1. 基瓦尔统治者几个世纪以来对索法拉贸易一直进行严格控制，不让其他阿拉伯商人南下进入索法拉地区，也不会容许中国船队南下驶入索法拉港，其阻拦手段不会采取武力，而可能是采取不提供必要的信息，甚或制造假情报骗人的手段。因为索法拉地区对于基尔瓦人实在太重要了。13世纪基尔瓦人对他们准许进入索法拉的商人运来交换黄金、象牙的布匹竟征收60％的高关税。

2. 与索法拉以北地区相比，索法拉地区及其以南的南部非洲地区至今考古所发现的中国瓷器，仍是凤毛麟角，极为少见。1929年对津巴布韦"东方废墟"的发掘，只发现两小块宋代青瓷碎片。在布拉瓦约以西德赫洛－德赫洛遗址也仅发现一个17世纪明代的碗。在林波波河南岸马庞古普韦遗址仅发现两块南宋瓷片。对比在东非肯尼亚、坦噶尼喀沿岸和岛屿废墟上发现的中国瓷器碎片，数以万计，数量多到可以用考古发掘用的锹子整锹地铲起

① Al Mas'udi, *Medow of Gold and Mines of Gems in Basil Davidson ed.* The African past, Longmans, p.108.
② 据巩珍《西洋番国志》，郑和船队中备有侧重于海上探索的船只，所去皆"小邦"。

来。这一悬殊的对比令人深思。看来，索法拉及其内陆地区和南非东海岸所发现的中国瓷器极其稀少这一事实最合理的解释是，这些地区的中国货物不是由中国大帆船直接运到口岸，而是由非洲商人从陆路上辗转贩运，这些易碎的瓷器由搬运夫头顶着搬运，穿过热带丛林的崎岖小道跋涉近千里运到索法拉及其以南地区，自然便成为极其罕见、珍贵的物品。

3. 印度洋上信风和洋流决定的航线难于直达索法拉。北印度洋洋面北靠最大的亚洲大陆，冬季大陆气压上升（高达 1036 毫巴）形成东北季风。从每年 10 月至翌年 3 月刮起东北风，以 12–1 月最盛，其稳定率达 70％～80％，经常风力为 3～5 级，在马尔代夫群岛以西洋面上 5～6 级的强风很少。夏季，亚洲大陆气压下降（低到 997 百帕），形成西南季风。东非地区出现于 4-9 月，以 7-8 月最盛，稳定性达 80％，风力亦较东北季风为强。在阿拉伯海常达到 5～7 级，索马里半岛以东愈近赤道洋面风力愈平和，只有 3 级左右。东非沿岸地区位于季风系统的南缘，越往南东北季风季节越短，超过南纬 10°的南方地区，东北季风的风力变得十分微弱。这一风力状况对于从福建长乐开船，远涉西太平洋和浩瀚印度洋驶往东非沿岸的中国远洋帆船是很不利的。因为中国商船每年冬季从福建开船，利用东北季风南下，一般一次季风只能达到半途，大多船舶要航行 40 天左右（沿途还要在中南半岛等停泊），3 月在苏门答腊或爪哇停泊，一边在沿岸进行贸易等活动，一边等待下一次东北季风来临。10 月以后东北季风再起，商船继续航行一个多月，至印度次大陆西南部的故临（宋称故临，今奎隆），已是 12 月了。如果中国船从故临选择越阿拉伯海的航线，最早只能在 12 月以后起锚，因阿拉伯海东部海面，东北季风初期（10—11 月）有大风暴，不宜航行。帆船在 12 月（不可能比 12 月更早）驶离印度西南海岸，有两条航线可供选择：一条是越阿拉伯海到亚丁或阿曼，再南下东非；另一条航线是从小葛兰（宋称故临，今奎隆）径越西印度洋直驶东非。这两条航线在完全顺风的条件下分别需 5 或 3 周时间，到达东非也已是翌年（第三年）1 月了。中国帆船在东非只剩下很短促的贸易季节时间，甚至不可能到达基尔瓦（南纬 9°）。因为中国帆船一般必须赶在 4 月西南季风骤起之时就掉头北返，否则就必须在东非沿岸耽搁候风。从 5 月中旬至 8 月中旬东非海面就刮起"库斯风"（Kaws），海上风浪凶猛，航行一般要中断 3 个月。如果中国商船为了南下基尔瓦（更不必说南下南纬 20°的索法拉）而在东非耽搁到 8 月，乘晚期西南季风返航，那么船到印度西南海岸或锡兰山时，也就是西南季风终止之时（9 月），中国商船又须在小葛兰驻冬，等待下年 4 月的西南风来临。《岭外代答》等书关于华船到西印度的航期记载很清楚，"航海外夷条"说"诸番之中国，一岁可以往返，唯大食（波斯湾、红海一带）必二年而后可"。"故临国条"载明"中国商船欲往大食……往返经二年矣"。[1] 显然，中国帆船从大食继续航行到东非或从印度小葛兰径航东非，如果只到达摩加迪沙或蒙巴萨（南纬 4°）勉强两年可以返回中土，如果继续南下基尔瓦或索法拉，纬度相差 5° 或 16°，即需要继续南下航行 500 多或 1700 多公里，则需 3 年以

---

[1] 周去非：《岭外代答》卷二。

上时间才能返回中土。中国船当时似无此必要选择这条耗时过多的航线。

4. 此外，还必须考虑莫桑比克洋（暖）流造成的困难。索法拉（南纬 20°）位于莫桑比克海峡（总长 1600 公里）中段，是当时处于内陆的津巴布韦与基尔瓦进行黄金和象牙贸易的转运口岸。西印度洋洋流在穿过莫桑比克海峡往南流时，形成凶恶的巨浪。阿拉伯水手和商人更着意渲染海峡航行的困难和危险，东海岸城邦诸国一直流传着从索法拉往南的船舶有去无回的传说。基尔瓦人最热衷于渲染此类传说，因基尔瓦政治霸权的经济基础正是建立在对索法拉内地黄金、象牙贸易的垄断控制上的。当时还不存在由基尔瓦通向津巴布韦的陆路商道，故只要基尔瓦人卡住索法拉港口便可牢固垄断南纬 20° 地带及其以南的黄金、象牙贸易。从目前掌握的材料看，还不能证实郑和分船队到过基尔瓦（不排除个别探测船到过），[①] 更无法证实到过索法拉（南纬 20°）。沈福伟认为 "1414 年，中国帆船已闯过莫桑比克海区，沿着非洲大陆继续南航，越过德尔加多角，进入莫桑比克港和赞比西河以南南纬 20° 的地方"，[②] 这一论断不能认定已被证实。

至于 1459 年弗拉·毛罗地图的 "另一处题词，提出在索法拉

---

① 从向达整理的《郑和航海图》看，郑和率领的船队到东非海岸最远的地方是慢八撒（蒙巴萨南纬 4°）。向达认为 "明代所知之非洲，以此为极南"。见《郑和航海图》，中华书局，2000 年版第 38 ～ 39 页。杨人楩先生生前曾与好友向达讨论过郑和船队到达东非岸最远之处，他也认为 "《郑和航海图》则另列有慢八撒，可见最后一次（航行）所到之处最远"。见杨人楩《非洲通史简编》，人民出版社，1984 年版第 122 页。

② 沈福伟：《中国与非洲——中非关系二千年》，第 489 页。

角和绿色群岛的外海，曾有船进行过先西南后向西的航行，往返4000 英里，远达非洲西海岸"[①]，并认为"中国帆船在 15 世纪上半叶，对印度洋南部海域的探索，已使他们抵达好望角，显示出环航非洲的希望"，[②] 从现在所掌握的材料来看，这是没有也不可能被证实的。

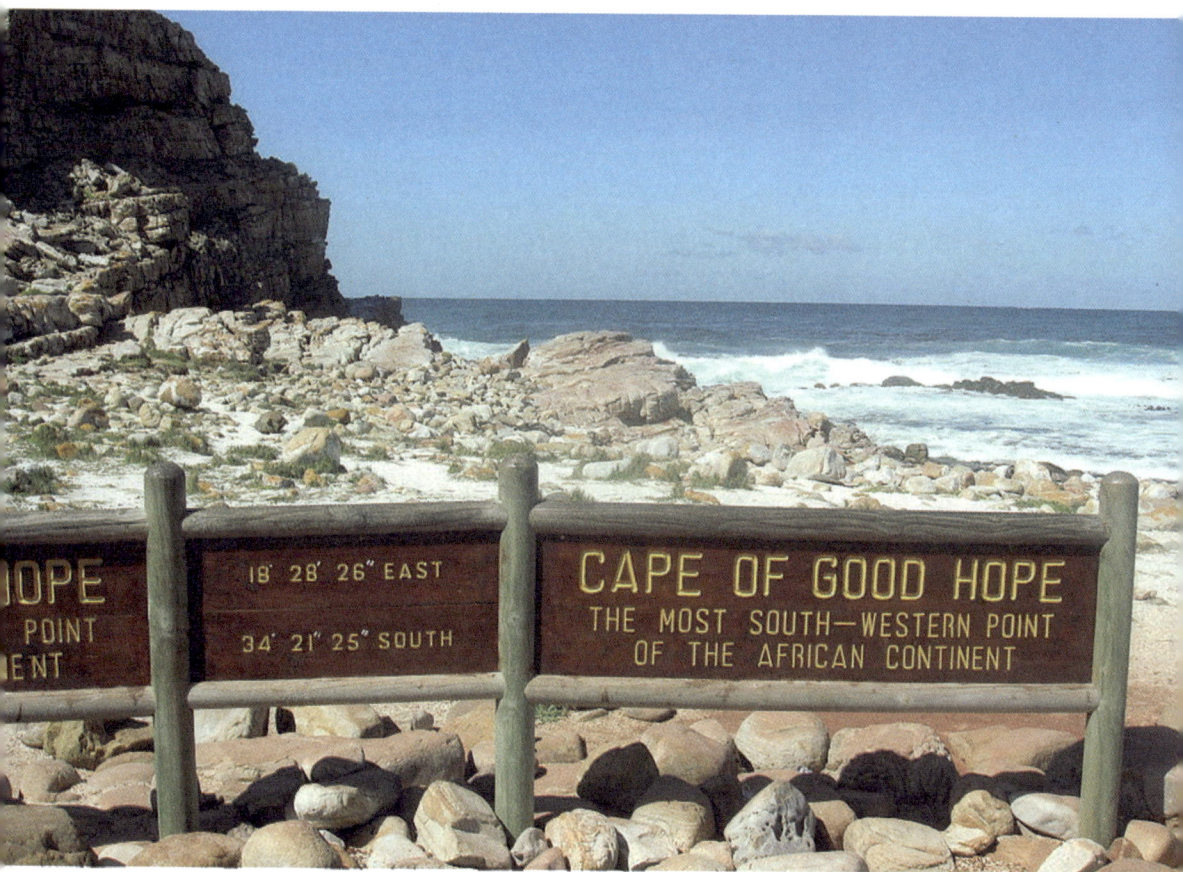

好望角

---

① 沈福伟：《中国与非洲——中非关系二千年》，第 489 页。
② 同上。

5. 位于林波波河以南的南非在 15 世纪上半期还处于远比东非海岸落后很多的状态，那里既没有什么奇异的热带产品和黄金，也没有著名王朝和国家能吸引中国帆船或郑和率领船队南下 4600 多公里（从蒙巴萨到好望角航线距离为 4650 公里）。南纬 22° 以南的南非是非洲大陆最南端的"死胡同"地区，15 世纪南非大部分地区是处于石器时代晚期的科伊、桑人的活动地盘。其中桑人（布须曼人）仍过着游猎生活，逐羚羊四处游荡，只形成氏族群体，甚至尚未有部落组织。科伊人（霍顿督人）过着游牧生活，饲养一种与班图黑人饲养的桑加牛完全不同种的牛，已形成部落但未出现部落联盟。讲班图语、使用铁器的黑人 10 世纪最远只迁至今纳塔尔省的德班附近，15 世纪进抵凯河地区，从考古发掘的遗址可知，他们已拥有炼铁炉，但使用铁器的数量尚不多。在乌姆塔塔河附近的黑人还在使用以温火炙烧棒尖以加强硬度的木质掘棒，有的棒顶安上铁质尖头，南非黑人也尚未形成任何国家组织。虽然靠近林波波河南岸的马庞古普韦等地可能已有商道通往地处索法拉内陆的津巴布韦王国，但整个南非的生产力尚属低下，贸易也很不发达。南非东南海岸迄今只发现极少数中国青花瓷器碎片，是不足奇的。

当我们较为充分地了解到从中国福建航行到非洲海岸、受季风和洋流支配的航线特点，了解到南非大部分地区当时仍属于石器和铁器混合使用的地区，甚至连雏形国家都尚未出现的时候，便可以接受如下事实：在世界航海史上为什么不是中国帆船或郑和率领的船队在从印度洋向西的航线上发现好望角而是由葡萄牙人从大西洋率先绕过南非的尖端。这里并不涉及一个民族的智力和胆量，而是由其他因素决定的。15 世纪上半叶，驱动中国船队远航非洲活动的主要动力是政治而非经济。[①] 中国船队对索法拉及其以南地区既没有商品和市场的需求，也没有可列入"万邦朝贡"名单的王朝君王可资邀请。两项几乎构不成的动力远不足以驱使中国船员去战胜衰减的东北信风和莫桑比克海峡恶浪所造成的极大危险，从而去点燃从印度洋驶向好望角的希望之灯。因此，中国人与南非关系史的首页此时尚未能翻开。郑和率领的船队远航东非，活跃了中国同非洲国家的友好交往，促进了国家间外交关系的发展。1413 年郑和开始第四次下西洋，访问了"去中国绝远"的麻林国（马林迪）。1415 年船队回航，麻林遣使附船来中国贡献"麒麟"（长颈鹿），这是中国未见过的非洲动物，引起轰动。永乐十三年（1415）十一月十九日麻林等国使者进南京那天，永乐帝亲往奉天门主持欢迎仪式，接受"麻林国及诸番国进麒麟、天马、神鹿等物"。[②] 永乐皇帝、文武百官和京城老百姓极为喜悦。麒麟在中国向来被视为头号祥瑞之物，麒麟出现似乎正应验了开国皇帝所企望的天下万国与中国"共享太平之福"[③] 的愿景。

　　永乐皇帝把中国同遥远的国家沟通交往，视为衡量国家至盛

---

① 罗荣渠：《为什么不会有中国哥伦布》，载《通向现代世界的 500 年》，北京大学出版社，1994 年版第 340 页。郑家馨：《试论国家权力对 15 世纪中国和葡萄牙两国海洋活动的不同作用》，载王天有等主编《郑和远航与世界文明》，北京大学出版社，2000 年版第 312 ～ 349 页。

② 《明成祖实录》卷九九。

③ 《郑和家谱·敕海外诸番条》，载《郑和下西洋资料汇编》上册，第 99 页。

之治的重要标志。[1] 郑和船队一次又一次从万里之外的非洲接来各国使臣，又一次次地送使臣回归烟波浩渺之外的故国。1417 年郑和第五次出使西洋，明廷命郑和"赍敕及币、偕其使者往报之"，持正式国书回聘卜剌哇、木骨都束、麻林，向各国国君赠送丰厚礼物。1419 年郑和船队自东非回国，木骨都束和卜剌哇的使者又分别携带花福禄（斑马）、狮子和千里骆驼、鸵鸡（鸵鸟）等礼物，附船再次来华。郑和在长乐南山寺《天妃之神灵应记》中称赞"东非礼物是藏山隐海之灵物，沉沙栖陆之玮宝"，显示出非洲诸国对中国的友好情谊。1421 年（永乐十九年）明廷再派郑和第六次出使西洋，任务之一是护送木骨都束、卜剌哇等国使者还国，并再次到东非诸国回聘。明朝正使、副使沿岸北上到竹步和速麻里儿国（索马里）访问，赠予国君礼物。两国使者随船到中国。木骨都束和卜剌哇再遣新使三次来华。1431 年（宣德六年）郑和船队最后一次下西洋，除送木骨都束、卜剌哇、竹步等国使节回国外，船队还到达南边的慢八撒（蒙巴萨）。

15 世纪上半叶明朝政府执行与亚非各国"共享太平之福"的政策。郑和率领船队七下西洋执行此项政策取得巨大成就：建立了亚非国家间的和平关系；赢得了亚非国家的信任和友谊，提高了明代中国的国际地位；增进了对亚非国家地理和国情等方面的了解，促进了中外文化交流。

明代中国与非洲的贸易和交往大致可分为四个阶段：

第一阶段是郑和下西洋时期（1413—1436）：郑和分船队四

---

[1] 郑一钧：《论郑和下西洋》，海洋出版社，1985 年版第 294 页。

次到东非，约到过 10 个国家和地区。这是中国大型船队留下记载
的首次直航东非。东非国家贡献的是包括麒麟在内的珍禽异兽。
郑和分船队每次送东非使节归国或接使臣到中国，都给予当地国
家极丰厚的馈赠，采取的方式用赵翼《廿二史札记》所言"以重
利诱诸番，故相率而来"。[①] 郑和船队每次出航，仅从内库提取丝
绸一项动辄几十万匹，瓷器作为馈赠品和贸易的交换物，成千上
万件运往非洲。赠送东非诸国的丝绸实物，经 600 年历史风雨被
热湿气候所腐蚀，未有片缕留存至今。中国瓷器及其碎片多有保存，
见于废墟所在皆是。郑和船队第 7 次出航时，明廷仅向景德镇就
派造瓷器 44 万多件。郑和船队 4 次出航东非带去的瓷器大致有两
类：一是赏赉品，是永乐、宣德时期产品，马林迪等地主要遗物
有锦地纹碗、八宝莲花纹碗、牡丹纹碗、牡丹菊纹碗、松竹梅纹
碗……这些瓷器均无款识，证明是作为"赏赉品"输出的。二是
供"使舶贸易"制作的瓷器和丝绸布匹，用来换取当地富产的象牙、
香料等。费信在《星槎胜览》中详细记载了在东非各地用瓷器作
为交换等价物。"竹步""木骨都束""卜剌哇"各条均有"货用……
瓷器"之属的记载。

　　笔者认为，在郑和第四至七次下西洋远航东非时期，可能有
民间海商的商船受"地远价高"商业利润规律的吸引，乘当时印
度洋西岸商贸繁盛的机遇，尾随郑和船队的越洋航线，直航东非
和红海沿岸，贩卖瓷器、丝绸和铁器等货。值得注意的是，在郑
和下西洋期间，永乐皇帝羁于"祖制"，虽未敢宣布废除"海禁"，

---

① 赵翼：《廿二史札记》卷三三。

却亦不重申"禁令"。郑和船队所到之处与民间远洋商舶，各不相属，互不干扰。宝船的官员、船员、水手、兵丁按规定可以携带一定数量的、价值高昂的轻货，如麝香和贵重瓷器等出售，以赚取"外快"。永乐十九年（1421）敕书明文载有"其官军原关粮赏，买到麝香等物，仍照依人数关给"，[①] 便是证明。到宣德五年（1430）限制又有所放宽，规定"原下西洋官员买到瓷器、铁锅等人情物件……敕至，尔等即照数放支"。[②] 显然这些"人情物件"运到外国都是可以贩卖的。自宋元以来，由于海洋贸易的推动，中国商人已在印度洋几个重要口岸如忽鲁谟斯（今伊朗阿巴丹附近）、阿丹（今亚丁）、古里（今科泽科德）和满剌加（今马六甲）等地设立商站、仓库等设施。到郑和庞大船队进抵印度洋西岸，阿拉伯商人在有关海域已不占绝对优势，更加"艰于直达"中国。中国的官船和民间商船以质优价廉的丝绸、瓷器、铁器等直接售给当地的（如东非、红海东北非）批发商，不经过中介商倒手，更具有竞争力。因此，明初（永乐至宣德）中国商品遍布东非和东北非。以瓷器为例，已从装饰品、陈列品扩展成为日用品。东非发现的中国古瓷主要是碗、盘、瓶、罐之类，尤以碗盘最多，说明各地输入的中国瓷器主要用作食具。瓷器具有耐酸、碱，毫不渗透，易于洗涤的优点。随着中国瓷器进口数量增多，价格下降，非洲社会中上层人士（多属阿拉伯裔）纷纷改用瓷器。研究中国

---

① 见巩珍著、向达注：《西洋番国志》卷首所收敕书，中华书局，2000 年版第 9～10 页。
② 同上。

瓷器在非洲分布的考古学家奇蒂克（Chittick，N.）认为，至少在
15世纪，东非富有的人士已不使用进口的伊斯兰釉陶，而主要使
用进口的中国瓷器。帕泰岛上层社会在宴会上以使用中国瓷器为
时尚，每个酒杯上均有精细雕刻。[①]至于原来习惯以树叶盛放食品、
手抓入口的社会下层居民则改用仿华瓷式样的粗制陶器作为食具，
从而在文明习惯上趋进一步。

这一时期，中国瓷器由非洲东岸向西、向南、向内陆扩展。
津巴布韦遗址有11处发掘出中国的青瓷、青花瓷和白瓷。莫桑比
克的布齐河三角洲发现有质量较差的青花瓷。刚果（利）中部，
曾是刚果王国的一部分，发现有瓷片。赞比亚（曾建立过隆达王国）
等地也发现有中国瓷片。马达加斯加岛东北沿岸武黑马尔发现有
15世纪青瓷。南非境内发现有14世纪青瓷，博茨瓦纳的沙谢河附
近遗址也发现有青瓷。[②]除西非可能被撒哈拉大沙漠挡住以外，非
洲大陆北、东、南、中部都发现有中国古瓷。中国陶瓷文明的辐
射力量可以想见。

第二阶段约在下西洋骤停之后30多年（约1434—1466）。
1434年，因误风，最后一艘下西洋船舶返回国内，为郑和下西洋
的航海壮举画上句号。从此中国官方船队完全撤出了西印度洋，
民间海商因"海禁"的厉行也逐渐减少乃至大部分退出了西印度洋。

---

① H. N.Chittick，*A New Look of the History of Pate*，*in the Journal of Africa
History*，1963 又见 *H.N.Chittick*，*Kilwa*；*an Islamic Trading City on the East African
Coast*，Nairobi 1974.
② 马文赛、孟凡人：《中国古瓷在非洲的发现》，紫禁城出版社，1987年
版第30～54页。

停航对瓷器外销和瓷器制造影响很大，至少造成 30 年的"黑暗时期"。^①其间新型瓷器（青花瓷器）国内发现很少，在非洲尚无发现。在东非进口瓷器一度减少，似乎对社会底层群众影响不大。当地仿华瓷的陶器生产已能满足下层的日用需求。地方烧制的小陶碗大量增加，进一步证明当地人的饮食习惯已经越过了以公用陶盆一块儿吃"大锅饭"的阶段，改为使用个人小陶碗吃饭了。

第三阶段约为 1465—1567 年，民间海商不顾"海禁"继续自行下海。这期间经历了几次反复。中国民间海商或许做过恢复东非沿岸直接贸易的尝试和努力，但由于明廷在嘉靖年间（1522—1566）加紧"海禁"政策，使一趟耗时两三年的东非越洋贩运，成为利润微薄甚至无利可图的生意。海商开始向印度洋古里，继而向马六甲撤退，而把东非、红海和波斯湾的商业范围拱手让给阿拉伯商人和印度商人。这种撤退可能是逐渐的，一步一步往东撤。从 16 世纪初葡萄牙史料发现的一些蛛丝马迹可以证明此点。在 1506 年 1 月葡船正在莫桑比克候风之时，从马达加斯加岛（当时叫圣洛伦索岛）来的两个黑人船员说，每隔两年就有两三艘像葡船那样大的船开到该岛，船员肤色像葡人一样白。亲见此事的意大利人肯定这些船"非那些将丁香贩到印度来贩卖的那几代人的中国式帆船莫属"。^②据笔者对这段史料的分析理解，两个黑人

---

① 马文赛、孟凡人：《中国古瓷在非洲的发现》，紫禁城出版社，1987 年版第 50～60 页。

② 此段材料转引自金国平、吴志良：《郑和航海的终极点》，载《澳门研究》，2002 年。原件出自意大利罗伦萨图书馆卡迪诺第 1910 号抄件 f.124rab-f.124vab 页，由意大利拉杜雷特教授见示。

曼努埃尔一世

船员见到的"中国式帆船"未必一定是70多年前的郑和分船队，而可能是持续在东非沿岸贩卖货物的中国民间海商的商船（船体也不算很大，有栓桨，与葡船相仿）。此事汇报到葡萄牙王室，引起国王曼努埃尔一世极大注意。1508年2月13日他给正要前往东方的葡萄牙舰队司令塞格拉（D.L.de Sequeira）下达正式指令，要他了解马达加斯加岛及华人的情况。他在指令中提出需要了解秦人（中国人）的20多个问题。重点问题集中于每年中国有多少艘船只前来马六甲或其他贸易地方，船只大小，有无武器或火炮，是否当年往返，在马六甲或其他国家是否设立商站、有否代理商。可见直到1506年西印度洋的马达加斯加岛仍有中国商人活动。

实际上中国瓷器走出了30年的"黑暗时期"，到成化年间（1465—1487）斗彩烧制成功,特别是青花斗彩瓷器色泽淡雅，器形小巧玲珑，顿使沉闷30年的瓷器生产又焕发生机。加上民间海商持续地冲击"海禁"政策，中国海外商舶贸易也有所恢复。成化、弘治（1488—1505）和正德（1506—

1521）三朝的瓷器在非洲各地都有发现，证明对东非的瓷器贸易已有所恢复。嘉靖时期中国瓷窑生产进一步扩展，特别是民间烧瓷业获得更大幅度增长。景德镇几乎有一半以上的市民从事烧瓷，有"二十里街半窑户"之称，"人口近百万，窑约三千……工匠人夫不下数十万"，[①] 出现了专供外销或接受外来订货的窑口。有些窑口地处海滨，瓷器烧成后直接装船下海外运。闽浙商人私自泛舟出海贩卖瓷器，经销海外市场。考古学家发现这一时期东非沿岸及岛屿发掘出瓷器及碎片的遗址越来越多，坦桑尼亚的松加姆拉岛、基尔瓦岛、马斐亚岛和肯尼亚的盖代废墟都发现 13—15 世纪元明时期的中国瓷器。有些瓷器装饰的独特花纹，甚至未见于中国本土和东南亚，只见于东非，可以说是专为东非等地区烧制的瓷器。有部分瓷器粗制滥造，似乎只要烧成便可推销出去，只求数量不讲质量，亦可见当时东非市场需求之大。

　　明代大量瓷器输入东非沿岸诸国（城邦），除在饮食文化上产生明显影响外，在宗教和建筑文化上的影响更为深邃。15 世纪伊斯兰教向东非沿岸、岛屿和近海内陆地区扩展，信仰伊斯兰教的非洲人迅速增加。按伊斯兰教礼拜的需求，有 6 户以上穆斯林的居住区，往往就建有一座清真寺。摈弃偶像崇拜的穆斯林常以瓷砖构成图案组合来美化清真寺。东非沿海地带因缺高岭土烧制，瓷砖难求，非洲穆斯林变通型制，利用进口中国瓷器代替瓷砖。在清真寺大殿北端的祭坛，当地穆斯林用中国青花碗、瓷碟按一

---

① 朱琰：《陶说》卷一。成书于 1767 年（乾隆三十二年），其中卷三专门介绍景德镇窑及其制造方法。

定距离镶嵌成精美图案。在肯尼亚的帕泰岛、安戈瓦那、盖代、木那拉尼，均能见到这样装饰的清真寺。有些地方也用中国瓷器装饰圆拱天花板和门廊的拱壁。安戈瓦那清真寺前室顶棚上镶嵌了许多精致青花碗，盖代清真寺南门也如法炮制将青花碗镶在门廊的三角拱壁上，还有在盖代清真寺供教徒礼拜前洗涤用的水池底部的两头各镶嵌有中国青瓷碗。[①]东非穆斯林有一种以石柱作为墓标的"柱墓"，这种"柱墓"因使用中国瓷器装饰而别具一格，形成显著特点，在柱墓上部眉腰处用中国瓷碗、瓷盆镶嵌，安戈瓦那和乌丸尼就有多处这样的"柱墓"。大批量中国瓷器在肯尼亚拉木岛卸货，以致当地非洲人把中国瓷器径称为"中国拉木"。这些都证明中国瓷器文化的影响已深入到东非宗教文化的层次上了。

15 世纪东非沿岸瓷器贸易近一个世纪的兴盛不衰，说明尽管 15 世纪 30 年代后半，中国官方组织的庞大船队已告终止，但中国民间海商仍不时冲破"海禁"的罗网，使中国与东非诸国（城邦）的民间直接贸易关系时断时续，并未曾戛然中断。

1497 年 11 月葡萄牙达伽马船队绕过好望角进入印度洋。葡萄牙人远航的目的是要凭仗殖民暴力垄断印度洋贸易，首先是香料贸易。葡萄牙船舶吨位不大（每艘约 50 ～ 120 吨），但火炮威力甚强，1499 年 1 月从印度返航非洲时就炮轰木骨都束（摩加迪沙）。1501 年达伽马第二次率舰队进入印度洋就以武力惩罚阿拉伯人和封锁红海。1505 年阿尔梅达出任葡驻东印度洋群岛第一任总督，

---

① 马文宽：《肯尼亚出土的中国瓷器》，载《中国古陶瓷研究专辑》第 1 辑。

占领东非蒙巴萨和基尔瓦作为印度洋中转站。葡人垂涎东非 30 多个海港的繁茂贸易带来的利润。此后几年，葡萄牙人进攻基尔瓦，废黜当地统治者谢赫；洗劫索法拉的阿拉伯商船；焚毁蒙巴萨（慢八撒），杀戮居民 1513 人，造成这座东非名城"尸横遍野，恶臭逼人"。[1] 1528 年葡人再攻蒙巴萨城，撤出前将城市夷为平地。葡人如此残暴对待蒙巴萨城，包藏险恶的用心：彻底毁灭蒙巴萨，使之在东非贸易圈中不再起任何作用。东非沿岸贸易基本被毁后，中国船队与东非的直接贸易关系被迫完全中断。此后中国船队只到马六甲，卸货后就东归中国港口。葡萄牙人逐渐控制了整个印度洋贸易。

第四阶段隆庆元年（1567）始"弛禁"，中国民间海商申请官方发给的"引票"，[2] 可以"合法"出海经商，但"引票"对地区、期限、出口货物品种仍有严格限制。中国民间海商半个世纪前已失去到东非和西印度洋贸易的最好时机。隆庆"引票"一般最远只到"西洋"的马六甲为止。从嘉靖直至明末时期的瓷器，考古学家在东非虽亦有发现，但这一时期少量明代瓷器几乎全是通过间接贸易销往东非的。万历时期生产的、国内也较少出现的青花瓷碗（八棱壁碗）和瓷盘在肯尼亚的曼布鲁伊"柱墓"的墓柱上有大量发现，也曾出现过 16 世纪修造的"柱墓"竟用主人珍藏的 14 世纪的精致青花瓷精品来装饰墓柱。由此可见，一是明瓷 16 世纪输入东非锐减，二是受中国瓷器文化影响的东非墓葬文化

---

[1] J S.Kirkman ed. *The Portuguese Period in East Africa*，Nairobi，1968 p.23.

[2] 初期仅 50 张，万历中期增至 80 张。

曼布鲁伊"柱墓"的青花瓷残片

传统流传和影响之深广。

15世纪以来，中国与非洲的文化交流既拥有深厚的贸易经济作为基础，又拥有政治外交的推动力。东非的香料、象牙与中国的瓷器、丝绸等互为需求，构成了延绵几百年的贸易体系，中非文化交流在贸易构筑的深厚基础上开花结果。在16世纪葡萄牙殖民主义者以武力占领东非并垄断印度洋贸易后，在一定程度上阻滞了中国与非洲的交往关系。

第九章

近代中国与非洲的文化交流

17世纪以后，荷兰、法国和英国殖民主义势力深入印度洋，逐渐夺取葡萄牙殖民者地盘。南非好望角，东非毛里求斯岛、马达加斯加岛和东非沿岸及岛屿先后落入荷兰、法国和英国手中。中国与非洲的间接贸易关系在很小程度上得以恢复，中非文化交流在殖民主义的阻碍下艰难进行，趑趄行进。东非无法从中国直接进口瓷器，只能从荷兰人占领的巴达维亚（今雅加达）购买瓷器，1655年毛里求斯向巴达维亚订购一批瓷盘、瓷碟、瓷碗、瓷杯。1678年南非开普敦也从巴达维亚进口中国瓷器。另外，荷兰商人在阿拉伯半岛木哈囤积大批中国瓷器，1645年达20万件，从事批发。莫桑比克、马林迪商船到木哈购买中国瓷器。1643年法国占领马达加斯加岛的多凡堡后，马达加斯加岛（18世纪中文译为"吗里呀氏简"）同中国的贸易"间有舟楫通粤东"。[①]1730年（雍正八年）成书的陈伦炯的《海国闻见录》反映了中国商人逐渐撤出西印度洋后，中国船舶在东西洋航行、经商的比较真实的情景。此书对"东洋"包括我国沿海海域，在内容和观点上都有独到之处，

---

① 陈伦炯:《海国闻见录》，李长博校注，中州古籍出版社，1984年版第66页。

海國聞見錄目次

上卷

天下沿海形勢錄

東洋記

東南洋記

南洋記

小西洋記

大西洋記

《海国闻见录》书影

多发前人所未发；而对于中国船基本上已撤出的印度洋的记述，内容则失之简略。唯对非洲马达加斯加岛与中国的贸易关系有"间有舟楫通粤东"之记载，证明直到18世纪，中国广东与非洲个别岛国仍存在直接贸易关系，可见中国与东部非洲之间仍存在着源远流长、为殖民者斩不尽的藕断丝连的关系。

处于殖民地或半殖民地状态下的中国与埃及的文化交流工作，在中埃两国学者艰难努力下得以断断续续地进行。其中，穆斯林在中非文化交流中起了特别重要的作用，中国和埃及在培养中国穆斯林学者方面做了很大努力。1907年（光绪三十三年）王浩然阿衡考察非洲回国后在北京创办第一所新式宗教学校——回教师范学堂。1922年王静斋（王文清）前往埃及留学，入爱资哈尔大学深造，"携采印版西经不下六百种"，[①] 回国后编译《阿汉字典》，并翻译注释《古兰经详解》发行三版。20世纪30年代中国穆斯林学者联袂访问埃及。1931年经与埃及当局洽

① 《禹贡》半月刊，第7卷第4期。

商，中国开始派遣留学生到爱资哈尔大学留学，马坚、纳忠、纳训、林训华和马金鹏等五人学习阿拉伯文、伊斯兰教义和教律。1931—1934 年共有 4 批约 20 人前往埃及留学。这批留学埃及的学者致力于翻译《古兰经》、阿拉伯文学作品，编辑字典和语法课本，培养阿拉伯文专业学生，其中对《古兰经》翻译用力最勤。此经典之全译不仅对穆斯林而且对广大中国人了解阿拉伯人、阿拉伯非洲具有极为重要的意义。马坚在埃及留学期间曾将《论语》译为阿拉伯文，并以阿文写成《中国回教概况》向阿拉伯世界介绍中国文化。马坚的《古兰经》全译本、纳训的《一千零一夜》六卷本、马金鹏的《伊本·白图泰游记》全译本、纳忠的《阿拉伯通史》二卷本等增进了中国对伊斯兰世界、阿拉伯非洲的了解，将源远流长的中非文化交流宏伟事业推向崭新阶段。

第十章　薪火相传，文化交流
友好合作传万世

中国与非洲的文化交流是双向的。在中国文化与非洲文化交光互影的长期过程中，中非双方相互受益。尽管相距遥远，中国从非洲学到的东西很多，所受影响亦很深。下面分项列举中国的受益：

玻璃　埃及是最早出现玻璃器的国家之一（前 16 或前 15 世纪），可与两河流域并列。中国至迟到战国时期（前 475—前 221）已能制造玻璃。中国的玻璃制造业自成体系，又深受外来（包括埃及）影响。中国玻璃成分以铅玻璃为主要体系，与埃及和世界其他地区以纳钙玻璃为主截然不同。在古代中国，玻璃器又称琉璃器或料器，因此有些品种多被误会不是玻璃器，给研究带来困难。中国历代统治阶级对西域（广义）玻璃器十分喜爱。早从希腊化时期（前 1—2 世纪）起，主要是埃及亚历山大城生产的玻璃器，就以"犁靬玻璃"后又以"大秦玻璃"之名传入中国，甚受欢迎。《魏略·西戎传》记大秦有"赤、白、黑、绿、黄、青、绀、缥、红、紫十种流离"。[1] 东汉、魏晋、南北朝古墓发掘中都

---

① 《三国志》卷二〇。

发现有大秦输入的玻璃器。更重要的是，西域制作玻璃的方法传入中国。东晋炼丹家葛洪（281—341）在《抱朴子·内篇》中提到"外国作水晶碗（透明的玻璃碗），实是合五种灰以作之，今交广多有得其法以作之者"。亚历山大城的"罗马玻璃"的技术如吹制成形法、刻花玻璃和套色玻璃以至"蜻蜓眼"可能对中国玻璃技术有重大影响。隋唐时期中国纳钙玻璃器显著增多，与铅玻璃器并存，是西域（大秦—拂菻）制造方法明显影响中国玻璃器制作的证明。宋代进口大量伊斯兰玻璃器皿，不仅限于玻璃珠子和箅子等小型装饰品，开始有成套的器皿输入，有益地推动了中国古代工艺美术的发展。明初山东博山建有中国迄今发现的最早的玻璃作坊，生产中国以前不生产的钾钙玻璃，[①] 说明西来的玻璃制造法已在中国生根定型。

炼糖　埃及的炼糖技术在元代传入中国。唐以前中国只会用甘蔗汁晒干成糖，再用糖制成"石蜜"。唐代从摩揭陀国学会制作低级的"砂糖"，但仍不掌握糖的提纯法。直到元代马可·波罗在游记中提到，福建永春（或永安）人不懂提炼精糖，13 世纪埃及人到该城，向当地人传授木灰精制食糖之法。[②] 中国人从开罗人手中终于学会了精炼食糖的方法。[③]

天文学　埃及的希腊裔天文学家托勒密在公元 2 世纪所写的

---

① 中国史籍对"琉璃"一词的使用十分混乱。如琉璃以青色著，常是璧琉璃（指蓝宝石）的省称，它易与埃及出产的绿宝石（emerald，祖母绿）等混称。

② 冯承钧译：《马可·波罗游记》，上海世纪出版集团，2002 年版第 371 页。陈开俊等译：《马可·波罗游记》，福建科学技术出版社，1982 年版第 191 页。

③ 劳费尔：《中国伊朗编》，商务印书馆，2001 年版第 201 ～ 202 页。

巨著《天文学大成》，在中非关系以间接接触为主的时期，未能传播到中国。他的地心体系学说没能更早地与中国天文学互相交流。直到元代，这部著作才传入中国，中文译本书名为《麦者思的造司天仪式》。书藏于当时北京的北司天台。[①]摩洛哥天文学家阿卜·阿里·哈桑·马拉库西的历学巨著《开始和终结之书》约于1255年完成。1267年扎马努丁就将这部刚编成12年的巨著带到北京，并见到郭守敬。1276年郭守敬负责改订新历之前肯定已知晓阿拉伯历书。此外，埃及天文学家阿里·伊本·优努斯（？—1009）在开罗天文台依据浑天仪和方位圈的实测结果，制定了《哈基木历表》，修正了当时通行的历表。《哈基木历表》元代传入中国，对中国天文学家郭守敬修订历表也帮助颇大。元以后中国天文仪器走向巨型化显然受到埃及和阿拉伯天文学的影响。

机械制造技术　自亚历山大城建城后，埃及制造技术颇有进步。埃及发明

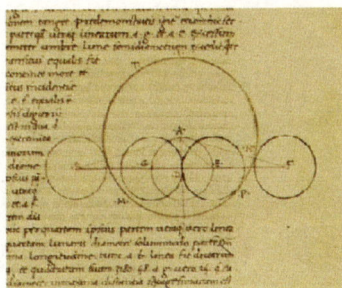

拉丁文版的《天文学大成》内文里的一页

北京郭守敬纪念馆的郭守敬雕像

---

① 《秘书监志》卷七。

创造的桔槔、曲柄和制锁工艺可能对古代中国机械技术的发展都有所贡献。埃及的制刀技术所达到的水平引人注目。元顺帝时期（1333—1368）埃及（米西儿）等地生产的刀弓、锁子甲曾被作为进献的贡品。元朝诗人张宪作诗称赞埃及宝刀："唐人宝刀夸大食，如今利器称米息。"①

医学　阿拉们医学十分发达。埃及犹太裔药学家阿塔尔（Attar）1260 年在开罗完成《官药手册和贵人宝鉴》的编写。此书在穆斯林东方地区很流行。曾在北非行医采药的贝塔尔（Bavtar 1197—1248）编纂的《医方汇编》，是当时最完备的医方大全。元代编译的《回回药方》便是以这两部医典和药典为主要依据。此书刊刻于明初（现残存四册），从残书的目录和正文来看，设计的医学部分有内科、妇科、儿科、外科、正骨、针灸和药等分科。此书对明代本草的搜集、编写所起的交光互影作用尚待进一步研究。元末明初朱辕仲修纂的《大元本草》中附列了很多国外的药物，其中很多药品产于非洲、西亚和印度，国内药店买不到，知道的人也很少。

非洲动植物引进中国　非洲地处热带，以其为中心的原生植物品种甚多。蜀黍（高粱）、甘薯（山药）、亚麻、芝麻、蓖麻、草棉、红花、咖啡、西瓜、没药、乌文木等植物品种以及狮子、斑马、长颈鹿、鸵鸟、独角羚羊等珍稀动物在古代通过多种途径、中介或多次传入中国。但古代中国人对其中多数来源于非洲并不知晓，史籍多笼统称之来自西域（广义），或在其中文名称上径加一"胡"

---

① 张宪：《北庚宣元杰西番刀歌》，载《元诗选》庚集。

咖啡为非洲重要的经济作物

字。有些源于非洲的动植物在中国原生产史和习俗演变史上曾起过重大作用或扮演了不同凡响的角色。例一，原生种见于西苏丹的草棉（非洲棉）从中亚进入中国新疆，到5—6世纪南疆植棉业已颇发达，而在公元前后同样的草棉在中国西南地区已见栽种（称为"吉贝"）。直至16世纪，由南北两向传入中国的草棉在河南"会师"，完成其在中国传播的衔接过程。但其后，这种属于"非洲棉"的草棉终于被产量更高、纤维长的树棉（亚洲棉、中棉）和陆地棉所取代，种植面积缩小。例二，原产于埃塞俄比亚、最早由埃及栽培的红花（燕支花）自从由张骞带入中国，在中国印染业可说"专宠"了两千年，甚至中国妇女梳妆台上美容化妆品对它（胭脂）也情有独钟。诗人曾唱出这样的诗句"失我焉支（胭脂）山，使我妇女无颜色"，可以想见红花对古代中国妇女美容的不可替代的作用。在近代印染业兴起之前，以红花作为红色基本染料，似无任何植物（包括茜草）可与之比拟。中国人喜庆尚红，在丝、棉、毛、麻织物中以及制漆、造纸、装饰、化妆中，红色染料首屈一指，用途极广，产量巨大。红花又可入药，有舒筋活血、消肿去瘀之功效，更增广其用途，几乎成为中国家家户户不可须臾离开的用品。例三，西瓜原产地为南部非洲，大概公元前 2000 年就已传到埃及、苏丹。但传入中国较晚，在唐以后的五代。最早提到西瓜的是胡峤的日记（《陷虏记》）。胡峤于 947—953 年游历契丹，"入甲川，多草木，始食西瓜，云契丹破回纥得此种，以牛粪覆棚而种。大如中国冬瓜而味甘"。[①] 李时珍在《本草纲目》中说"西瓜自五代时（10 世纪）始入中国"。[②] 西瓜从非洲进入中国的引进史说明在不同文明的接触（间接或直接）中，引进（具体地说，动植物的转移）并非一帆风顺或一蹴而就的，而是屡屡错过时机、耗费时日的。其原因与其说是取决于需求，不如说是决定于交往方式的发达程度，往往是蜗牛速度。

另外，也有许多中国的原生植物经波斯或海运传入阿拉伯非洲世界，如桃、杏、李、生姜、茶等。

杂技艺术 杂技是各国人民最喜闻乐见的艺术形式之一。中国本土杂技起源甚早，流传下来的汉代画像石多有反映。幸运的是，

---

① 《新五代史》卷七三。
② 李时珍：《本草纲目》卷三三。

早在公元前 2 世纪中国就与拥有悠久杂技史的埃及有杂技上的交流。黎轩的杂技魔术在汉武帝朝廷上表演，《后汉书》详列其表演节目，包括：变化吐火、自支解、易牛马头、善跳丸，数乃至千。[①]

古代和近代中国与非洲文化交流的深度广度，比起同一时期中国与日本、朝鲜半岛和中印半岛来，要稍逊一筹。这是地理距离造成的，中非之间确实相距太遥远了，这种地缘关系使彼此不可能形成十分深厚的影响。但毕竟二者都是人类曾经出现过的最古老的伟大文明，因而相互关系却是源远流长，绵延不断。

这种因地理距离造成的不利状况，因地球交通条件发生根本变化，到 20 世纪 50 年代有了新的变化。在共同经历了近代的殖民主义灾难后，中国和非洲各国重新获得了独立，或成为主权国家，非洲出现了 53 个独立国家，中国成为亚洲最大的独立国家，二者都属于第三世界，都是发展中国家，共同的历史命运使彼此容易相互了解。中国和非洲的文化交流进入了新的阶段。在新阶段，中非文化交流以前所未有的势头蓬勃发展。

下面仅举三方面例子，做举一反三说明：①教育的合作与交流，留学生历来是文化交流最重要的载体和起突出作用的先锋。1952—2002 年非洲 43 国共向中国派遣 15333 名留学生。2002 年向中国派遣的 1646 名留学生中，本科生 525 人，硕士研究生 539

---

① 《后汉书》卷八六。

人，博士研究生 223 人。① 截至 2002 年，中国也向埃及、肯尼亚、摩洛哥、南非、尼日利亚、塞内加尔、坦桑尼亚、突尼斯等国派遣 270 多名留学生。中国向 35 个非洲国家派遣 523 名援非的专业教师，讲授的课程涉及理、工、农、文、体育等十几个学科专业，帮助非洲国家高等院校在计算机、微生物、物理、化学、生物、土木工程、测量、食品加工、汉语等专业建立了 20 多个实验室，并承担了相关的教学和科研工作。中国援非教师的辛勤工作不仅为非洲国家经济和社会发展培养了一批优秀的专业人才，而且在非洲青年学生的心中播下中非友谊的种子，加深了中非人民的相互了解和信任。②物质援助：1956—2006 年援非资金达 444 亿人民币，实施了坦赞铁路、体育场、国家剧院等约 900 个基础设施和社会公益项目，取得了很好的经济效益和社会效益。③互惠贸易：中非年度贸易额已从 20 世纪 50 年代的 1200 万美元增长到 2005 年的 397.4 亿美元。中国商品物美价廉，比较适应非洲的消费水平，非洲的自然资源在一定程度上能够满足中国经济发展对能源日益增长的需求。

21 世纪刚拉开帷幕，在两千多年的中非文化交流史上，就出现了一件"新事物"，几千名在中国学习过的非洲留学生产生了一种深厚的"中国情结"；几千名前中国的留非学生和援非的教师、医生、工程人员……也产生了"非洲情结"。这两种"情结"是中非文化交流的真挚情愫的结晶，也是两千年来中非文化交流

---

① 《中国与非洲国家教育合作与交流》，北京大学出版社，2005 年版第 15 ～ 16 页。

硕果初现的端倪。2006 年元旦刚过，中国政府首次发表了《中国对非洲政策文件》，这是具有特殊重要性的中非关系将有更重大发展的报春花。

2007 年 11 月 3—5 日中非合作论坛北京峰会在中国召开，中国领导人和 48 个非洲国家元首、政府首脑相聚北京，共商中非合作大计。这个具有历史意义的盛会开创了中非友好合作的新局面，也为中非文化交流掀起了新的高潮。中国政府决定在 2007—2009 的三年内，对非洲国家的援助规模比 2006 年增加一倍，向非洲国家提供 30 亿美元的优惠贷款和 20 亿美元的优惠出口卖方信贷；中非发展基金总额达 50 亿美元；免除同中国有外交关系的所有非洲重债穷国和最不发达国家截至 2005 年底到期的政府无息贷款债务；在非洲国家建立 3 ～ 5 个境外经济贸易合作区；为非洲培训培养 1.5 万名各类人才，向非洲派遣 100 名高级农业技术专家；在非洲建立 10 个有特色的农业技术示范中心；援助 30 所医院，帮助非洲防治疟疾，设立 30 个抗疟中心；派遣 300 名青年志愿者；援助 100 所农村学校，向非洲留学生提供奖学金名额增加到 4000 人次。进一步向非洲开放中国市场，零关税商品扩大到 440 多个。在这些项目中包含了许多前所未有的文化交流项目，它把中非文化交流提高到新的高水平。

历史上，中国和非洲都是人类文明的发祥地。现在，中国和非洲大陆都是充满希望的热土。中非友好合作、文化交流将薪火相传，传至万世。

主要参考文献：

1. 杨人楩：《非洲通史简编》，人民出版社，1984 年。

2. 艾周昌、郑家馨主编：《非洲通史·近代卷》，华东师范大学出版社，1995 年。

3. 郑家馨主编：《殖民主义史·非洲卷》，北京大学出版社，2000 年。

4. 艾周昌、沐涛：《中非关系史》，华东师范大学出版社，1996 年。

5. 沈福伟：《中国与非洲——中非关系二千年》，中华书局，1990 年。

6. 张铁生：《中非交通史初探》，三联书店，1965 年。

7. 李约瑟：《中国科学技术史》，科学出版社，2005 年。

8.《马可·波罗游记》，陈开俊等译，福建科学技术出版社，1982 年。

9.《马可·波罗游记》，冯承钧译，上海世纪出版社集团，2002 年。

10.《伊本·白图泰游记》，马金鹏译，宁夏人民出版社，1985 年。

11. 裕尔：《东域纪程录丛》，云南人民出版社，2002 年。

12. 赫德逊：《欧洲与中国》，中华书局，1995 年。

14. 马苏第：《黄金草原》，青海人民出版社，1998 年。

15.《史记》。

16.《汉书》。

17.《后汉书》。

18.《三国志》。

19.《魏书》。

20. 赵汝适著、杨博文校译：《诸蕃志校释》，中华书局，2000 年。

21. 周去非著、杨武泉注:《岭外代答校注》,中华书局,1999 年。

22. 汪大渊著、苏继庼校释:《岛夷志略校释》,中华书局,1981 年。

23. 马欢著、冯承钧校注:《瀛涯胜览校注》,中华书局,1955 年。

24. 向达校注:《郑和航海图》,中华书局,2000 年。

25. 巩珍著、向达注:《西洋番国志》,中华书局,2000 年。

26. *The Cambridge History of Africa Vol*.1-8.

27. UNESCO, *General History of Africa*, 1981 Vol.1 ~ 2.

28. Pearce, Zanzibar, *The Island Metropolis of East Africa*, London, 1920.

29. Freeman-Grenville, *East African Coin-Finds and Their Historical Significance*, in J.A.H, 1960, 1:1.

30. Chittick. *A New Look of the History of Pate*, in J.A.H, 1963.3.

31. Kirkman ed. *The Portuguese Period in East Africa*, Nairobi, 1968.

32. UNESCO, *Historical Relations across the Indian Ocean*, UNESCO, 1980.